总体国家安全观研究

研究

Research on the
Holistic Approach
to National Security

薛澜 等 / 著

社会科学文献出版社
SOCIAL SCIENCES ACADEMIC PRESS (CHINA)

前　言

当前，世界面临百年未有之大变局，中华民族伟大复兴进入关键时期。党的二十大报告指出，"国家安全是民族复兴的根基，社会稳定是国家强盛的前提"①，明确要求我们必须坚定不移地贯彻总体国家安全观，健全国家安全体系，增强维护国家安全的能力。党的二十大报告不仅单列国家安全的专题，全面规划推进国家安全体系和能力现代化，筑牢国家安全治理体系的堤坝，而且将统筹发展与安全作为指导方针，从治国理政全局的高度来协调发展与安全的关系。统筹发展和安全要求我们一方面要坚持以推动高质量发展为主题，贯彻执行以经济建设为中心的党的基本路线要求，推动经济实现质的稳步提升和量的合理增长；另一方面，要坚持总体国家安全观，增强忧患意识、风险意识和责任意识，切实把维护国家安全贯穿党和国家工作各方面全过程，有效防范化解各类重大风险，让国家发展建立在更为安全的基础之上。

在当今开放复杂的巨系统下，传统和非传统领域的各种风险之间

---

① 习近平：《高举中国特色社会主义伟大旗帜　为全面建设社会主义现代化国家而团结奋斗——在中国共产党第二十次全国代表大会上的报告》，人民出版社，2022，第52页。

交叉联动并耦合交织成风险综合体，我国发展进入不确定难预料因素增多的时期，诸如新冠疫情、逆全球化等"黑天鹅"和"灰犀牛"事件频发，如果防范不及、应对不力，就会传导、叠加、演变、升级，酿成全域性严重后果，威胁国家的安全。这种新的局面对风险的识别和治理提出了新要求和新挑战，需要高度重视并及时阻断不同领域风险的转化通道，防范和化解风险。

习近平总书记提出的总体国家安全观，不仅具有丰富的内容，而且具有旗帜鲜明的人民性、统筹全局的总体性、兼收并蓄的包容性、思维方式的创新性、指导现实的实践性和不断发展的开放性等特征。总体国家安全观的提出标志着安全问题由此前的行政管理层面上升到了国家战略层面，由政府社会管理和公共服务职能问题上升为关乎国家发展稳定和社会长治久安的重大战略问题。近十年来我们贯彻总体国家安全观，突破了传统视域的国家安全理念、体系和政策，强调做好国家安全工作必须遵循系统思维和方法，突出"大安全"的理念，应对全方位的国家安全威胁，为加快构建新安全格局奠定了坚实基础。

国家安全治理是一项复杂的系统工程，需要各级政府、组织多方合作、共同治理。总体国家安全观的研究同样也是一项复杂的系统工程，有别于传统安全的概念。因此，其理论体系、风险应对、决策主体、资源配置等研究也充满了复杂性和交叉性。为了深入探究总体国家安全观的理论体系，我们组织编写了这本书，旨在为我国国家安全治理的各级决策者，以及相关专业的学生和感兴趣的读者，提供一个全面了解我国总体国家安全观的工具，希望能够对他们的理论学习以及日常工作和生活有所裨益。

本书从总体国家安全观的历史演变和国际比较着手，全面地梳理了总体国家安全观指导思想的理论基础，并横向比较国际上的异同，深入挖掘总体国家安全观的时代意义，努力构建系统的国家安全理论体系，通过分析当前态势与现实问题，梳理我国国家安全治理体系的现状问题以及面临的挑战，以期为我国国家安全治理实践提供理论支撑。

各章执笔人如下。

整体策划：

薛　澜　清华大学苏世民书院院长、文科资深教授，清华大学应
　　　　急管理研究基地首席专家

第一章：

夏诚华　原中央维稳办副主任、教授

李姚姚　北京市大兴区发展和改革委员会产业科负责人

付　轲　清华大学马克思主义学院博士研究生

薛　澜　清华大学苏世民书院院长、文科资深教授，清华大学应
　　　　急管理研究基地首席专家

第二章：

夏诚华　原中央维稳办副主任、教授

李姚姚　北京市大兴区发展和改革委员会产业科负责人

付　轲　清华大学马克思主义学院博士研究生

第三章：

刘跃进　国际关系学院公共管理系教授

杨建英　国际关系学院公共管理系教授

杨华锋　国际关系学院公共管理系教授

柴茂昌　国际关系学院公共管理系副教授

齐　琳　国际关系学院《国际安全研究》编辑部副编审

陈　将　国际关系学院硕士研究生

徐晨光　齐齐哈尔大学马克思主义学院讲师

王　啸　中国出口信用保险公司国别风险研究中心

第四章：

孙　悦　清华大学公共管理学院博士研究生

肖　毅　天津大学新媒体与传播学院副研究员

高　娜　国家卫生健康委党校副研究员

朱　宪　加拿大麦吉尔大学管理学院博士研究生

刘星宇　清华大学公共管理学院博士研究生

付帅泽　清华大学公共管理学院博士研究生

感谢吕孝礼老师在本章成文和修改过程中的指导和支持，感谢孙磊、徐浩、郭君、武玥等课题组成员在资料整理、章节写作中的参与和付出。

第五章：

彭宗超　清华大学公共管理学院党委书记、教授，清华大学应急
　　　　管理研究基地主任

李文娟　军事科学院战略评估咨询中心副研究员

吴洪涛　中国疾病预防控制中心助理研究员

孙　典　北京交通大学经济管理学院讲师

附录：

曹　峰　清华大学应急管理研究基地副主任

本书得到了国家社会科学基金重大项目（2018MZD018）、国家自然科学基金项目（71790611）的支持。特别感谢中国社会科学院欧洲研究所所长冯仲平研究员对本书的悉心指导；特别感谢研究咨询的各位专家：中国人民解放军军事科学院王桂芳研究员、北京理工大学管理与经济学院张纪海教授、中国人民公安大学马振超教授、中国人民大学公共管理学院王宏伟副教授；特别感谢社会科学文献出版社马克思主义分社社长曹义恒和责任编辑岳梦夏对本书的修改。在引用学界同仁的研究成果时尽可能标明出处，但有的资料来自互联网，没有明确的作者署名，我们也尽可能提供相关链接。如果有其他资料使用不当的，敬请来函指正。

我们希望本书能够为广大读者提供一个了解我国总体国家安全观的窗口，同时为国家安全治理的实践提供理论支持。由于水平和时间所限，成稿仓促，书中难免有不到之处，请读者批评指正。

目　录

第一章　绪论

第一节　总体国家安全观形成的历史回顾

一　新中国成立初期（1949~1978年）

从新中国成立到改革开放之前，受到国际形势等因素的影响，我国长期面临着严峻的外部军事威胁，只能通过充分利用当时国际格局的特点和主要矛盾，最大限度地维护和改善国家安全环境。因此，在这一时期，国家安全观以传统安全为主，核心是维护政权的稳定。

新中国成立初期，国内外安全形势严峻。美苏陷入冷战，朝鲜战争爆发，美国出兵介入，威胁我国东北的安全。

在党的七届二中全会上，毛泽东指出："中国还存在着两种基本的矛盾。第一种是国内的，即工人阶级和资产阶级的矛盾。第二种是国外的，即中国和帝国主义国家的矛盾。"[①] 国际矛盾更是体现为社会制

---

① 《毛泽东选集》第4卷，人民出版社，1991，第1433页。

度竞争，两种制度之间的矛盾不可调和也成为战争的根源所在。毛泽东认为："这个社会制度不改变，战争不可避免，不是相互之间的战争，就是人民起来革命。"① 在内忧外患的国家安全环境中，以毛泽东同志为核心的党的第一代中央领导集体始终认为"战争与革命"是时代的主旋律。中国人民反对战争，但不惧怕战争。在党的第八次代表大会上明确指出："我们祖国的领土台湾还被美帝国主义所霸占，这是对于我国安全的一个最大的威胁。"② 因此，在这一时期党和国家领导人形成了以维护政权稳定为核心、以军事安全为手段的传统安全观。受美苏冷战的时代背景影响，中国面临着严峻的外部军事威胁，保卫新生政权、维护国家主权和领土完整成为当时国家安全的首要任务。③ 毛泽东宣布"不允许任何帝国主义者再来侵略我们的国土"④，号召"提高警惕，保卫祖国"。⑤ 他把建立强大的国防军和强大的经济力量作为摆在中国人民面前的两件大事，强调"为建设强大的国防军而奋斗"⑥。在抗美援朝战争期间，中国积极支援非洲等第三世界国家建设，在国际关系中提出和平共处五项原则。这一历史时期，中国官方强调"要准备打仗""保卫祖国""加强战备"等，来维护与保障"（我们）国家的安全""我国（的）安全""祖国的安全""边境的安全"。由此可见，新中国成立初期的国家安全观中主要具有传统安全的色彩。

---

① 《毛泽东年谱（一九四九——一九七六）》第 6 卷，中央文献出版社，2013，第 521 页。
② 《建国以来重要文献选编》第 9 册，中央文献出版社，1994，第 95 页。
③ 郭桢：《刘少奇在中共八大作政治报告》，中国政府网，http://www.gov.cn/test/2008-06/03/content_1004301_6.htm。
④ 《毛泽东文集》第 5 卷，人民出版社，1996，第 345 页。
⑤ 新华社：《公安部队举行功臣模范代表会议 朱德总司令到会作了重要的指示》，《人民日报》1953 年 8 月 11 日。
⑥ 《毛泽东年谱（一九四九——一九七六）》第 1 卷，中央文献出版社，2013，第 198 页。

对于新生的政权而言，维护"安全"，保障政权的稳定是核心。因考虑到当时中国所处的安全环境，对政治安全的威胁主要是外部的军事入侵和内部的反对势力，国家安全的主要目标是预防来自外部的军事入侵，保证国家领土完整、主权独立和政权稳定。因而军事安全成为维护国家安全的首要手段，其他经济安全、社会安全等服从于政治安全和军事安全。基于增强军事安全的目标，新中国成立初期主要是在国内大力加强军事力量建设。面对以美国为首的敌对力量的安全威胁，中国不仅始终重视军事力量建设，还在应对美国威慑（特别是核威慑）时实施"三线"建设、研制核武器。军事力量建设在新中国成立初期得到了财政的大力支持。在武器研制方面，原子弹和氢弹的相继问世也为保障国家安全提供了重要利器。

在新中国成立初期到改革开放前，受到国际国内形势的影响，我国的国家安全以政治安全为目标，以军事安全为手段，主要是为了维护新生政权的稳定。

二 转型期（1978~2012年）

从改革开放起，随着国际形势的深刻变化，党中央对世界战争危险迫近的看法逐渐改变。1985年6月，邓小平判断，"在较长时间内不发生大规模的世界战争是有可能的，维护世界和平是有希望的"[1]。和平和发展成为世界的两大问题。基于国际形势及对其判断的变化，党中央相应地调整了国家安全方针。在确定了以经济建设为中心的基本路线后，国家安全观也逐渐从传统安全观向维护经济安全、生态安

---

[1] 《邓小平文选》第3卷，人民出版社，1993，第127页。

全、能源安全等非传统安全领域转变。

与前一时期相比，这一时期的中国和世界都发生了显著的变化。从中国来讲，邓小平认为"和平与发展是时代主题"①，于是实行以经济建设为中心的方针，开启了改革开放的伟大征程。自此，国家安全工作重点不止于巩固社会主义政权，防止被侵略和被颠覆，对反间谍、反对和平演变以及包括经济安全、意识形态安全在内的其他各方面的安全重视程度日益提升。从世界来看，20世纪90年代初，苏联解体后美苏两极格局结束，"一超多强"局面形成，国际格局开始朝着多极化的方向发展。与此同时，随着新科技革命的发展，经济全球化的趋势不可逆转。在上述因素的综合作用下，一方面，美国一家独大，推行霸权主义和强权政治。另一方面，非国家行为体在全球政治中的影响逐渐增大，同时受民族宗教矛盾、贫困、失业、环境污染等问题的影响，恐怖主义、跨国犯罪、全球气候变暖等非传统安全威胁逐渐显现，国家安全的内涵和外延也随之扩大。顺应这一形势，中国在1983年成立专门的国家安全机关——国家安全部及下属系统的基础上，于2000年成立了中央国家安全领导小组（与中央外事工作领导小组合署办公），由主管外事工作的中央政治局常委、分管有关外事工作的中央政治局委员和与外事、国家安全工作相关机构负责人组成，履行国家安全领域重大问题的决策和协调职责。② 这一时期持续逾30年，延续着邓小平设计的改革开放之路破浪前行。在不同时期，有一些偶发事件对国家安全造成严重冲击，但并未改变党中央对"和平与发展"时代主题的认知。而非传统安全问题的出现和其影响的不断增强，则促使中国国家安全观从传统安全观向非传统安全

---

① 《邓小平文选》第3卷，人民出版社，1993，第105页。
② 钟开斌：《中国国家安全观的历史演进与战略选择》，《中国软科学》2018年第10期。

观逐渐转变。

以邓小平同志为主要代表的中国共产党人，在安全内容认知方面实现了从"政治安全"为核心向"经济安全"为主的重大转变。党的十一届三中全会公报指出，现在就应当适应国内外形势的发展，及时地、果断地结束全国范围的大规模的揭批林彪、"四人帮"的群众运动，把全党工作的着重点和全国人民的注意力转移到社会主义现代化建设上来。[①] 此后，经济发展作为新时期安全观的核心内容，国防、外交等逐渐服务于国内经济建设，不过其前提条件是国家主权和安全得到基本维护。[②] 在党的十五大和十六大报告中均明确提及"维护国家经济安全"。

以江泽民同志为主要代表的中国共产党人，在安全环境的判断方面，认为世界的主题仍是"和平与发展"，国际格局的大势没有改变。在党的十四大报告中，江泽民指出"和平与发展"仍然是当今世界两大主题，发展需要和平，和平离不开发展，但也不能忽视霸权主义、强权政治对于和平与发展的威胁。在安全内容认知方面，中国更加注重包括经济安全、军事安全等在内的综合安全。党的十五大报告提到了"国家经济安全"和"人民生命财产安全"，对非传统安全的关注增加。对于处在社会主义初级阶段的中国而言，国家安全问题除政治安全和军事安全之外，还有经济安全、环境安全、文化安全、社会安全等一系列的非传统安全问题。此外，在党的十六大报告中，中国还顺应时代形势提出了"互信、互利、平等、合作"的新安全观，倡导各国应通过对话和合作解决争端，而不应诉诸武力或以武力

---

① 《中国共产党第十一届中央委员会第三次全体会议公报（一九七八年十二月二十二日通过）》，《人民日报》1978 年 12 月 24 日。
② 《邓小平文选》第 3 卷，人民出版社，1993，第 347 页。

相威胁。

胡锦涛同志任中共中央总书记时期,"一超多强"的国际格局加速调整,中国逐渐崛起,成为世界第二大经济体。因此,也在国际上产生了"中国威胁论"等论调。在此背景下,以胡锦涛同志为总书记的党中央推动了新安全观的发展。首先,在安全环境的判断上依然肯定"和平与发展"是时代主题,对霸权主义和强权政治保持警惕,中国的主要战略目标是对内求发展、求和谐,对外求合作、求和平。① 其次,在安全内容认知方面对非传统安全的重视显著增加,生态安全、能源安全、粮食安全、气候安全、公共卫生安全、金融安全等不断进入中国安全的视野。胡锦涛在党的十八大报告中指出:"从源头上扭转生态环境恶化趋势,为人民创造良好生产生活环境,为全球生态安全作出贡献","推动能源生产和消费革命,控制能源消费总量,加强节能降耗,支持节能低碳产业和新能源、可再生能源发展,确保国家能源安全。"② 对传统安全与非传统安全相互交织的强调,是中国政府对于安全内容的深刻认识。最后,在安全手段方面,胡锦涛同志任中共中央总书记时期将新安全观中的"合作"改为"协作",倡导"互信、互利、平等、协作"的新安全观,寻求实现综合安全、共同安全、合作安全;捍卫国家核心利益是国家安全的底线所在。

从改革开放到党的十八大召开,我国经历了和平发展的 30 年。这 30 年间,由于国际国内形势的变化,和平与发展成为时代的主题。因此新中国成立初期形成的以维护政权稳定为核心的传统安全观逐渐

① 《〈中国的和平发展〉白皮书(全文)》,中华人民共和国国务院新闻办公室,http://www.scio.gov.cn/tt/Document/1011394/1011394_2.htm,最后访问日期:2022 年 11 月 7 日。

② 《十八大以来重要文献选编》(上),中央文献出版社,2014,第 31 页。

发生变化。这一时期，在确保政治安全和国土安全的前提下，更加关注诸如经济安全、粮食安全、能源安全、生态安全等非传统安全。我国的国家安全观开始逐步扩展。

三 初步形成期（2012~2018年）

2012年党的十八大之后，中国特色社会主义进入新时代。2014年在中央国家安全委员会第一次会议上，习近平正式提出"总体国家安全观"的概念。这也标志着我国国家安全观理论发展进入了新时代。

新时代的主题实际上已经从"和平与发展"扩展为"安全与发展"，"安全"既包括维护世界和平，也包括应对和平状态下非传统安全威胁，即谋求可持续安全。[①] 与此同时，世界正处于大发展大变革大调整时期，面临"百年未有之大变局"。全球治理体系和国际秩序变革加速推进，国际力量对比更趋平衡，和平发展大势不可逆转。面对中国的迅速崛起，美国先后提出亚太再平衡和印太战略，中国周边领土海洋权益争端日趋复杂，朝韩等地区性敏感问题也对周边安全环境构成挑战。同时，世界面临的不稳定性、不确定性因素突出，世界经济增长动能不足，贫富分化日益严重，地区热点问题此起彼伏，恐怖主义、网络安全、气候变化等非传统安全威胁持续蔓延，人类面临许多共同挑战。从国内来看，我国经济社会也发生了深刻变化，改革进入攻坚期和深水区，社会结构深刻变动、利益格局深刻调整、思想观念深刻变化，社会矛盾新旧叠加，各种可以预见和难以预见的安

---

① 刘江永：《从国际战略视角解读可持续安全真谛》，《国际观察》2014年第6期。

全风险挑战前所未有。当前我国国家安全内涵和外延比历史上任何时候都要丰富，时空领域比历史上任何时候都要宽广，内外因素比历史上任何时候都要复杂。①

在此时代背景下，国家安全的目标变为维护相互联系、相互交织的各种类型、各个层次、各个要素的安全。以习近平同志为核心的党中央丰富和发展了国家安全理论，主要包括强调坚持维护国家主权、安全、发展利益，推进建设文化强国、网络强国和新型大国关系，构建中国特色现代军事力量体系，搭建强有力的国家安全工作统筹平台。

习近平指出："必须坚持总体国家安全观，以人民安全为宗旨，以政治安全为根本，以经济安全为基础，以军事、文化、社会安全为保障，以促进国际安全为依托，走出一条中国特色国家安全道路。"②在党的十九大报告中习近平进一步指出："统筹发展和安全，增强忧患意识，做到居安思危，是我们党治国理政的一个重大原则。必须坚持国家利益至上，以人民安全为宗旨，以政治安全为根本，统筹外部安全和内部安全、国土安全和国民安全、传统安全和非传统安全、自身安全和共同安全，完善国家安全制度体系，加强国家安全能力建设，坚决维护国家主权、安全、发展利益。"③ 2015 年出台的《中华人民共和国国家安全法》明确了政治安全、人民安全、国土安全、军事安全、经济安全、金融安全、资源能源安全、粮食安全、文化安全、科技安全、网络与信息安全、社会安全、生态安全、核安全、外层空间及国际海底区域和极地安全、海外利益安全等领域的重点任务，并提出"根据经济社会发展和国家发展利益的需要，不断完善

---

① 《习近平谈治国理政》，外文出版社，2014，第 200 页。
② 《习近平关于总体国家安全观论述摘编》，中央文献出版社，2018，第 4 页。
③ 《十九大以来重要文献选编》（上），中央文献出版社，2019，第 17 页。

维护国家安全的任务"①。

总体国家安全观是对新时代我国安全体系和安全观念的高度概括，其形成也具有历史性、时代性和特殊性，是习近平新时代中国特色社会主义思想的重要组成部分。习近平站在统领全局的高度，审时度势，把握国际国内安全形势，提出了总体国家安全观。至此，我国的国家安全观经历了从传统政治安全到非传统安全再到总体国家安全观的发展。

四 逐步完善期（2018年至今）

2018年，随着中美贸易摩擦的产生，有关经济安全等非传统安全问题更加凸显其重要性，总体国家安全观的内涵也在不断深化和拓展。2018年1月23日，中央全面深化改革领导小组第二次会议强调，知识产权对外转让，要坚持总体国家安全观，依据现有法律法规和工作机制，对单位或者个人将其境内知识产权转让给外国企业、个人或者其他组织。2018年4月17日，习近平在十九届中央国家安全委员会第一次会议上强调，要加强党对国家安全工作的集中统一领导，正确把握当前国家安全形势，全面贯彻落实总体国家安全观，努力开创新时代国家安全工作新局面，为实现"两个一百年"奋斗目标、实现中华民族伟大复兴的中国梦提供牢靠安全保障。②

2019年1月21日，习近平在省部级主要领导干部坚持底线思维

---

① 王骁：《中华人民共和国国家安全法》，中国政府网，http://www.gov.cn/xinwen/2015−07/01/content_2888316.htm。

② 杨丽娜：《习近平：全面贯彻落实总体国家安全观 开创新时代国家安全工作新局面》，人民网，http://jhsjk.people.cn/article/29932536。

着力防范化解重大风险专题研讨班开班式上发表重要讲话强调："深刻认识和准确把握外部环境的深刻变化和我国改革发展稳定面临的新情况新问题新挑战，坚持底线思维，增强忧患意识，提高防控能力，着力防范化解重大风险，保持经济持续健康发展和社会大局稳定，为决胜全面建成小康社会、夺取新时代中国特色社会主义伟大胜利、实现中华民族伟大复兴的中国梦提供坚强保障。"①

习近平指出："面对波谲云诡的国际形势、复杂敏感的周边环境、艰巨繁重的改革发展稳定任务，我们必须始终保持高度警惕，既要高度警惕'黑天鹅'事件，也要防范'灰犀牛'事件；既要有防范风险的先手，也要有应对和化解风险挑战的高招；既要打好防范和抵御风险的有准备之战，也要打好化险为夷、转危为机的战略主动战。"②"大家要坚持守土有责、守土尽责，把防范化解重大风险工作做实做细做好。要完善风险防控机制，建立健全风险研判机制、决策风险评估机制、风险防控协同机制、风险防控责任机制。"③

习近平的讲话是基于我国经济社会发展整体情况和内、外部环境作出的全面研判，是对今后一个时期防范化解重大风险工作的整体部署，也突出了新时代国家安全工作的防范思维、处置思维和底线思维。

2020年初以后，新冠疫情席卷全球，对世界各国的经济社会发展造成严重影响。习近平亲自部署、亲自指挥这场人民战争、总体战、阻击战，取得了武汉保卫战、湖北保卫战和全国疫情防控战争的阶段性胜利。疫情防控突出体现了党和政府的指挥协调能力，也体现

① 《习近平谈治国理政》第3卷，外文出版社，2020，第219页。
② 《习近平谈治国理政》第3卷，外文出版社，2020，第219~220页。
③ 《习近平谈治国理政》第3卷，外文出版社，2020，第223页。

了我国应对公共卫生事件的能力和水平。然而，此次疫情暴露了公共卫生领域的短板和不足，尤其是在生物安全领域。鉴于疫情形势和未来公共卫生体系和能力的建设，党和政府从保障人民生命安全和身体健康的高度出发，将生物安全纳入国家安全体系。

2020 年 2 月 14 日，习近平在中央全面深化改革委员会第十二次会议上强调："生物安全问题已经成为全世界、全人类面临的重大生存和发展威胁之一，必须从保护人民健康、保障国家安全、维护国家长治久安的高度，把生物安全纳入国家安全体系。要全面研究全球生物安全环境、形势和面临的挑战、风险，深入分析我国生物安全的基本状况和基础条件，系统规划国家生物安全风险防控和治理体系建设，全面提高国家生物安全治理能力。尽快推动出台生物安全法，加快构建国家生物安全法律法规体系、制度保障体系。"[①] 公共卫生事件影响到人民的生命和身体健康，而以传染病疫情造成的突发公共卫生事件威胁最大。传染病本身具有突发性、传播性，发生区域内的所有人员都可能受到威胁和损害。随着交通条件日益改善、全球化趋势快速发展，传染病疫情突发事件也日趋国际化，其负外部性亦随之凸显。因此，传染病疫情的应急处置成为我国公共卫生管理的重要任务。

经过疫情的考验，面对传染病疫情等突发公共卫生事件的巨大威胁，党中央从提升治理体系和治理能力现代化的高度出发，将生物安全纳入国家安全体系，全面系统规划国家生物安全风险防控和治理体系建设，这是国家安全观在新时代的发展，也是对总体国家安全观理论体系的补充和完善。

---

① 参见常雪梅《习近平：全面提高依法防控依法治理能力 健全国家公共卫生应急管理体系》，人民网，http://jhsjk.people.cn/article/31610816。

由此可见，总体国家安全观并非故步自封、一成不变的思想理论，而是随着时代发展与国内外安全形势变化不断调整、丰富和完善的战略思想体系。我国未来的安全局面、风险挑战和发展难题仍然严峻，总体国家安全观思想体系也必将适应时代的需要进一步发展和升华。

第二节　总体国家安全观的概念变迁

在中国官方文件中，"国家安全"的首次出现是于1983年的政府工作报告。在党的文件中，第一次出现"国家安全"的是《中共中央关于社会主义精神文明建设指导方针的决议》，"在国家安全受到威胁，社会公共安全受到危害的时候，要挺身而出，英勇斗争"。①在"国家安全"提出之际，对于国家安全的内涵与外延缺乏明确的界定与理解，主要是指对外安全与国际安全，但也涉及社会公共安全的表述。

1993年《中华人民共和国国家安全法》颁布实施，将"国家安全"理解为狭义上的对外安全。危害国家安全的行为是指境外机构、组织、个人实施或者指使、资助他人实施的，或者境内组织、个人与境外机构、组织、个人相勾结实施的如下行为：阴谋颠覆政府，分裂国家，推翻社会主义制度的；参加间谍组织或者接受间谍组织及其代理人的任务的；窃取、刺探、收买、非法提供国家秘密的；策动、勾引、收买国家工作人员叛变的；进行危害国家安全的其他破坏活动的。2014年全国人大常委会审议通过了《中华人民共和国反间谍

---

① 《改革开放三十年重要文献选编》（上），中央文献出版社，2008，第435页。

法》，相应废止了 1993 年通过的《中华人民共和国国家安全法》。这一阶段，"国家安全"被频繁提及，但仍主要是指对外安全与国际安全。

1995 年之后，中国政府提出"新安全观"，逐渐成为中国对外战略的核心内容。"新安全观"是 1995 年在东盟地区论坛上首次提出的。1996 年，中国政府提出应共同培育一种新型的安全观念，重在通过对话增进信任，通过合作促进安全。① 1999 年中国政府将"新安全观"核心概括为"互信、互利、平等、合作"，2001 年修订为"互信、互利、平等、协作"。2002 年，参加东盟地区论坛外长会议的中国代表团向大会提交了《中方关于新安全观的立场文件》。2009 年 9 月 23 日，时任中国国家主席胡锦涛在联大发表演讲，阐述"互信、互利、平等、协作"的新安全观，指出既维护本国安全，又尊重别国安全关切，促进人类共同安全。②

2004 年，在《中共中央关于加强党的执政能力建设的决定》中，开始强调广泛的安全概念，包括"公共安全""政治安全""经济安全""国家安全意识""国家安全战略"等，其中多数是党代会报告中首次出现。③

2013 年后，中国国家安全体制建设与理念发展进入一个新的阶段。2013 年，设立中央国家安全委员会。2014 年，中央国家安全委员会首次会议召开，习近平首次提出并且系统阐述了"总体国家安全观"。习近平指出："贯彻落实总体国家安全观，必须既重视外部

---

① 闻育旻:《中国向东盟论坛提交新安全观立场文件（附全文）》，中国新闻网，https://www.chinanews.com/2002-08-01/26/208073.html。

② 宋方灿:《胡锦涛在联合国讲坛阐述中国新安全观》，中国新闻网，https://www.chinanews.com/gn/news/2009/09-24/1882720.shtml。

③ 刘跃进:《非传统的总体国家安全观》，《国际安全研究》2014 年第 6 期。

安全，又重视内部安全，对内求发展、求变革、求稳定、建设平安中国，对外求和平、求合作、求共赢、建设和谐世界；既重视国土安全，又重视国民安全，坚持以民为本、以人为本，坚持国家安全一切为了人民、一切依靠人民，真正夯实国家安全的群众基础；既重视传统安全，又重视非传统安全，构建集政治安全、国土安全、军事安全、经济安全、文化安全、社会安全、科技安全、信息安全、生态安全、资源安全、核安全等于一体的国家安全体系；既重视发展问题，又重视安全问题，发展是安全的基础，安全是发展的条件，富国才能强兵，强兵才能卫国；既重视自身安全，又重视共同安全，打造命运共同体，推动各方朝着互利互惠、共同安全的目标相向而行。"①

总体国家安全观战略思想包括五个要素：以人民安全为宗旨，以政治安全为根本，以经济安全为基础，以军事安全、文化安全、社会安全为保障，以促进国际安全为依托，走出一条中国特色国家安全道路。具体而言，总体国家安全观包括十个重视，具体如图1-1所示。

> 既重视外部安全，又重视内部安全
> 既重视国土安全，又重视国民安全
> 既重视传统安全，又重视非传统安全
> 既重视发展问题，又重视安全问题
> 既重视自身安全，又重视共同安全

图1-1　总体国家安全观的"十个重视"

这"十个重视"充分体现了唯物辩证法两点论与重点论的统一，体现了当代国家安全工作的整体性与系统性，是一种国家安全大思路，对我国的国家安全工作具有重要的战略性指导作用。总体国家安

① 《习近平谈治国理政》，外文出版社，2014，第201页。

全观拓展了安全的范围，将经济与社会发展、国民安全等非传统安全也涵盖了进来。可以说，总体国家安全观是国家发展阶段的实践特征与整体性、系统性顶层设计相结合的理念体现。2015 年，习近平在纽约联合国总部出席第七十届联合国大会上首次提出"构建人类命运共同体"。2015 年 1 月 23 日，中共中央政治局召开会议，审议通过了《国家安全战略纲要》。2015 年 7 月 1 日，第十二届全国人民代表大会常务委员会第十五次会议通过了《中华人民共和国国家安全法》。

2018 年 4 月 17 日，中央国家安全委员会召开会议，指出加强党对国家安全工作的集中统一领导，审议通过了《党委（党组）国家安全责任制规定》，明确了各级党委（党组）维护国家安全的主体责任，要求各级党委（党组）加强对履行国家安全职责的督促检查。

2020 年初疫情发生后，习近平多次强调国家生物安全理念。2020 年 2 月 14 日，习近平在中央全面深化改革委员会第十二次会议上指出"要从保护人民健康、保障国家安全、维护国家长治久安的高度，把生物安全纳入国家安全体系，系统规划国家生物安全风险防控和治理体系建设，全面提高国家生物安全治理能力"[1]。

如表 1-1 所示，2004 年之前，中国对国家安全观的话语表述主要聚焦对外安全与国际安全，这与当时所处环境以及发展阶段相适应。2014 年"总体国家安全观"提出之后，中国政府形成了系统的国家安全观，兼顾国内安全与国外安全。

---

① 参见黄頔《习近平主持召开中央全面深化改革委员会第十二次会议强调：完善重大疫情防控体制机制　健全国家公共卫生应急管理体系》，中国政府网，http://www.gov.cn/xinwen/2020-02/14/content_5478896.htm。

表 1-1　中国国家安全观的变迁

年份	对内安全	对外安全
1983 年	—	1983 年《政府工作报告》首次出现"国家安全";国家安全部成立之前,时任总理赵紫阳在政府工作报告中提请全国人大批准成立"国家安全部"[a]
1986 年	—	党的文件《中共中央关于社会主义精神文明建设指导方针的决议》中第一次出现"国家安全":"在国家安全受到威胁,社会公共安全受到危害的时候,要挺身而出,英勇斗争"[b]
1993 年	—	这一阶段"国家安全"开始频繁出现;《中华人民共和国国家安全法》颁布实施,"国家安全"主要是指反间谍侦查
1995 年	—	"新安全观"是 1995 年在东盟地区论坛上首次提出的。1996 年,中国就曾根据时代潮流和亚太地区特点,提出应共同培育一种新型的安全观念,重在通过对话增进信任,通过合作促进安全。 1999 年"新安全观"核心概括为"互信、互利、平等、合作",2001 年修订为"互信、互利、平等、协作"
2000 年	—	中共中央决定组建"中央国家安全领导小组",与"中央外事工作领导小组"合署办公
2002 年	—	参加东盟地区论坛外长会议的中国代表团向大会提交了《中方关于新安全观的立场文件》
2004 年	《中共中央关于加强党的执政能力建设的决定》开始强调广泛的安全概念,包括"公共安全""政治安全""经济安全""国家安全意识""国家安全战略"等,其中多数是党代会报告中首次出现	—
2005 年	—	年底,中国政府发表《中国的和平发展道路》白皮书,阐述了中国走和平发展之路的立场和决心
2013 年	经党的十八届三中全会决定,设立中央国家安全委员会	
2014 年	中央国家安全委员会首次会议召开,习近平首次提出"总体国家安全观"	
2015 年	习近平于 2015 年 9 月在纽约联合国总部出席第七十届联合国大会时首次提出"构建人类命运共同体"	

续表

年份	对内安全	对外安全
2015 年	1 月 23 日，中共中央政治局召开会议，审议通过了《国家安全战略纲要》。7 月 1 日，第十二届全国人民代表大会常务委员会第十五次会议通过了《中华人民共和国国家安全法》	
2018 年	4 月 17 日，十九届中央国家安全委员会第一次会议召开，加强党对国家安全工作的集中统一领导，会议审议通过了《党委（党组）国家安全责任制规定》	
2020 年	2 月 14 日，中央全面深化改革委员会第十二次会议召开，习近平强调"把生物安全纳入国家安全体系"	

资料来源：a. 李敏：《中国国家安全大布局——专访国际关系学院教授刘跃进》，《领导文萃》2016 年第 18 期。

b. 曹劲：《中共中央关于社会主义精神文明建设指导方针的决议》，央视网，https://www.cctv.com/special/256/1/20841.html。

第二章　总体国家安全观的思想基础

第一节　中国古代国家安全思想

我国拥有悠久的历史和文化，在思想、政治建设上起步较早，先秦时期经典文献中就已经有成体系的价值观、秩序观、安全观。可以说，先秦时期的思想家、政治家、军事家就提出了影响后世两千年的国家安全思想的方方面面。秦汉以后直至明清，国家安全思想均未超出先秦思想观点体系，但不同朝代多少面临着具体性问题，如不同朝代面临不同的少数民族侵扰问题，明朝海上面临倭寇侵扰问题，等等。因此，我国古代国家安全思想总体上具有前后一致性，只是在个别问题上有时代特征。这些共性当中，最突出的就是：在内外关系上，强调内政优于外部军事，内治则外安，内安当中民为邦本，民心、民意最为重要；在安与危的关系上，强调居安思危，见微知著，防患于未然；在对待战争的态度上，强调慎战和战争的正义性、道德性，讲求顺天时、天义而动，虽然不尚武但是也强调要文武兼备；在对待少数民族关系上，强调用德、礼来教化不同民族，慎用武力；在处理与其他国家之间关系上，强调讲求道义，但也强调根据自身与对方的实力对比来谋划具体战略；在治理国家维护稳定上，特别强调君主德行、官员德行。除了这些相同的国家安全思想，也有特殊时期的国家安全思想，如唐代藩镇割据导致内乱，唐之后的朝代就提倡"强干弱枝"，加强中央城市建设和军事建设，弱化地方实力；明朝则提倡维护海洋、海运安全等。以下部分将具体论述这些国家安全思想。

古代关于国家安全的思想遍布史籍丛书，这些思想既可以简单地归类，也可以用现代的观点进行归类。学者刘跃进研究了当前国家安全思想体系，提出国家安全思想可以分为构成要素、影响要素、危害要素、保障要素四类。为了便于以古照今，学习借鉴古人智慧，本部分也以构成要素、影响要素、危害要素、保障要素对古代国家安全思想进行归类梳理。

一 古代关于国家安全构成要素的思想

1. 领土、人民、权力有序

《尚书·虞夏书·禹贡》有言：禹别九州，随山浚川，任土作贡……中邦锡土、姓，祗台德先，不距朕行。五百里甸服：百里赋纳总，二百里纳铚，三百里纳秸服，四百里粟，五百里米。五百里侯服：百里采，二百里男邦，三百里诸侯。五百里绥服：三百里揆文教，二百里奋武卫。五百里要服：三百里夷，二百里蔡。五百里荒服：三百里蛮，二百里流。东渐于海，西被于流沙，朔南暨声教讫于四海。禹锡玄圭，告厥成功。这种"任土作贡"的思想，是后世国家统一思想的较早来源，也是国家大一统思想的来源。以上可以看出，国家安全的构成要素，至少包含了领土、人民、权力等方面的内容，国家安全的表现形式就是这些要素的有秩序性，即服从拱卫中央。

2. 人民安全

古人很早就认识到了，国家安全首先是人民安全，因此提出了以民为本的思想。《尚书·虞夏书·五子之歌》有云：皇祖有训：民可近，不可下。民惟邦本，本固邦宁……予临兆民，懔乎若朽索之驭六马。为人上者，奈何不敬？可见，古人认为只有百姓安定了，国家才会安定。

3. 军事安全

战争是中国古代历史长期存在的客观现象，从战争带来的兴亡存废中，古人对军事的作用有了辩证的理解。《左传·襄公二十七年》中记载，在谈到军事时，子罕曰："凡诸侯小国，晋、楚所以兵威之。畏而后上下慈和，慈和而后能安靖其国家，以事大国，所以存也。无威则骄，骄则乱生，乱生必灭，所以亡也。天生五材，民并用之，废一不可，谁能去兵？兵之设久矣，所以威不轨而昭文德也。圣人以兴，乱人以废，废兴存亡昏明之术，皆兵之由也。"可见，子罕认为，军事力量强大可使小国畏惧从而安靖其国，也是威慑不轨、昭文德的重要手段，不可轻易废兵。

4. 水陆交通安全

传统社会主要依靠陆路运输，兼用运河。但是陆地运输效率低，成本高，所以有些思想家提出发展水陆交通的思想，以保障京畿粮食安全、经济安全。《旧唐书·刘晏传》（刘晏论漕运利病）有载：浮于淮、泗，达于汴，入于河，西循底柱、硖石、少华，楚帆越客，直抵建章、长乐，此安社稷之奇策也……驱马陕郊，见三门渠津遗迹。到河阴、巩、洛，见宇文恺置梁公堰，分黄河水入通济渠；大夫李杰新堤故事，饰像河庙，凛然如生。涉荥郊、浚泽，遥瞻淮甸，步步探讨，知昔人用心，则潭、衡、桂阳必多积谷，关辅汲汲，只缘兵粮。漕引潇、湘、洞庭，万里几日，沧波卦席，西指长安。三秦之人，待此而饱；六军之众，待此而强。

5. 财政安全

有学者提出，传统社会的治乱循环，根源在于财政税收体系的有效性。通常是一国初建时各项制度重新确立，各级官员执行积极性高，从而国家治理有效。然建国数十年以后，各项制度弊端逐渐显现，各级官员积极性降低，尤其是税收制度难以持续，从而出现国家动荡的情况。因此，有思想家提出了要重视财政安全的思想。《宋朝诸臣奏议》卷一百零三《上神宗乞去三冗》有载：盖善为国者不然，知财之最急而万物赖焉。故常使财胜其事而事不胜财，然后财不可尽而事无不济……然臣所谓丰财者，非求财而益之也，去事之所以害财者而已矣。夫使事之害财者未去，虽求财而益之，财愈不足。使事之害财者尽去，虽不求丰财，然而求财之不丰，亦不得也。故臣谨为陛下言事之害财者三：一曰冗吏，二曰冗兵，三曰冗费。

6. 海洋安全

传统社会以陆地为主，海洋利用、海陆运输均不发达。但是明朝前期，海陆逐渐打开，明朝中后期以后，海上倭寇成为一大祸患。因而，有思想家提出了海洋防御的思想。《唐荆川家藏集二·条陈海防经略事疏》有言：御海洋。照得御倭上策。自来无人不言御之于海，而竟罕有能御之于海者，何也？文臣无下海者，则将领畏避潮险，不肯出洋。将领不肯出洋，而责之小校水卒，则亦躲泊近港，不肯远哨，是以贼惟不来，来则登岸，则破地方。

《清经世文编》卷八十三《兵政治十四·海防上·海防》（李广

坡论海防）有言：窃尝考筹海之篇。有慎设其守焉。有探止泊而遏
之焉。有度要需而绝之焉。三者行则小丑不难靖也。

《清经世文编》卷八十四《兵政治十四·海防上·海防》（蓝鼎
元向雍正帝上《论南洋事宜书》）有言：天下利国利民之事，虽小
必为；妨民病国之事，虽微必去。今禁南洋有害而无利，但能使沿海
居民，富者贫，贫者困，驱工商为游手，驱游手为盗贼耳……开南洋
有利而无害，外通货财，内消奸宄，百万生灵仰事俯畜之有资，各
处钞关，且可多征税课，以足民者裕国，其利甚为不小。

7. 领土完整——台湾问题

台湾问题是清朝以后出现的，在清朝朝廷上收复台湾还是放弃台
湾出现过争论。《清经世文编》卷八十四《兵政治十五·海防中》
（施琅《陈台湾弃留利害疏》）有言：盖筹天下之形势，必求万全。
台湾一地虽属外岛，实关四省之要害。勿谓彼中耕种，犹能少资兵食，
固当议留；即为不毛荒壤，必藉内地挽运，亦断断乎其不可弃！……
臣思弃之，必酿成大祸；留之，诚永固边围。施琅认为台湾不能放
弃，否则贻害无穷。这一点对当前我国的国家安全也十分具有借鉴
意义。

二 古代关于国家安全影响要素的思想

古代对于影响国家安全的要素有着深刻的见解，认为民众支持与
否是影响国家安全的核心要素。

1. 民众支持

孔子提出，食、兵与民信三者，对国家稳定而言民信是最为重要
的。《论语·颜渊》中记载：子贡问政。子曰："足食，足兵，民信

之矣。"子贡曰："必不得已而去，于斯三者何先?"曰："去兵。"子贡曰："必不得已而去，于斯二者何先?"曰："去食。自古皆有死，民无信不立。"

2. 社会风气

古人认为，国家整体风气同样影响国家安全。《荀子·富国》在论述足国之道时指出，节用裕民，而善臧其余……观国之强弱贫富有征：上好功，则国贫；上好利，则国贫；士大夫众，则国贫；工商众，则国贫；无制数度量，则国贫。下贫，则上贫；下富，则上富……伐其本，竭其源，而并之其末，然而主相不知恶也，则其倾覆灭亡可立而待也。

3. 社会公平性

《论语·季氏》指出："丘也闻有国有家者，不患寡而患不均，不患贫而患不安。盖均无贫，和无寡，安无倾。夫如是，故远人不服，则修文德以来之。既来之，则安之。今由与求也，相夫子，远人不服，而不能来也。邦分崩离析，而不能守也。而谋动干戈于邦内。吾恐季孙之忧，不在颛臾，而在萧墙之内也。"

《国语·晋语六》有言：夫战，刑也，刑之过也。过由大，而怨由细，故以惠诛怨，以忍去过。细无怨而大不过，而后可以武，刑外之不服者。今吾刑外乎大人，而忍于小民，将谁行武?武不行而胜，幸也。幸以为政，必有内忧。且唯圣人能无外患，又无内忧，讵非圣人，必偏而后可。偏而在外，犹可救也，疾自中起，是难。

4. 天时与时势

古人认为，发动战争要讲究天时、时势与道德，否则会招致祸害。《左传·宣公十二年》有载：楚子（楚庄王）曰：夫文，止戈为武……夫武，禁暴、戢兵、保大、定功、安民、和众、丰财者也……

武有七德，我无一焉，何以示子孙？……古者明王伐不敬，取其鲸鲵而封之，以为大戮，于是乎有京观，以惩淫慝。今罪无所，而民皆尽忠以死君命，又可以为京观乎？

《孟子·公孙丑下》有言：天时不如地利，地利不如人和……得道者多助，失道者寡助。寡助之至，亲戚畔之；多助之至，天下顺之。

《司马法·仁本》有言：战道：不违时，不历民病，所以爱吾民也；不加丧，不因凶，所以爱夫其民也；冬夏不兴师，所以兼爱其民也。

《三国志·吴书·陆逊传附陆抗传》有载：抗上疏曰：臣闻《易》贵随时，《传》美观衅，故有夏多罪而殷汤用师，纣作淫虐而周武授钺。苟无其时，玉台有忧伤之虑，孟津有反旆之军。今不务富国强兵，力农畜谷，使文武之才效展其用，百揆之署无旷厥职。明黜陟以厉庶尹，审刑赏以示劝沮，训诸司以德。而抚百姓以仁，然后顺天乘运，席卷宇内，而听诸将徇名，穷兵黩武，动费万计，士卒雕瘁，寇不为衰，而我已大病矣！今争帝王之资，而昧十百之利，此人臣之奸便，非国家之良策也。

《国语·越语下》有载：越王勾践即位三年而欲伐吴。范蠡进谏曰："夫国家之事，有持盈，有定倾，有节事。王不问，蠡不敢言。天道盈而不溢，盛而不骄，劳而不矜其功。夫圣人随时以行，是谓守时。天时不作，弗为人客；人事不起，弗为之始。今君王未盈而溢，未胜而骄，不劳而矜其功，天时不作而先为人客，人事不起而创为之始，此逆于天而不和于人。王若行之，将妨于国家，靡王躬身。"

《战国策·齐策五》有载：苏秦说齐闵王曰："臣闻，用兵而喜先天下者忧，约结而喜主怨者孤。夫后起者，藉也；而远怨者，时也。是以圣人从事，必藉于权而务兴于时。夫权藉者，万物之率也；

而时势者，百事之长也。故无权藉，倍时势，而能事成者寡矣。今世之为国者不然矣。兵弱而好敌强，国罢而好众怨，事败而好鞠之，兵弱而憎下人（也），地狭而好敌大，事败而好长诈。行此六术者而求伯，则远矣。"

天时不对则需静待天时，不争一时之胜负。《晋书·蔡谟传》有言：时有否泰，道有屈伸，暴逆之寇虽终灭亡，然当其强盛，皆屈而避之。是以高祖受黜于巴汉，忍辱于平城也。若争强于鸿门，则亡不终日。故萧何曰"百战百败，不死何待"也。原始要终，归于大济而已。岂与当亡之寇争迟速之间哉！夫惟鸿门之不争，故垓下莫能与之争。文王身圮于羑里，故道泰于牧野；句践见屈于会稽，故威申于强吴。今日之事，亦由此矣。贼假息之命垂尽，而豺狼之力尚强；宜抗威以待时。

5. 国家间关系

先秦思想家提出，拥有和睦的国家间关系对自己的国家是有利的，邻国有难可能影响自身，本国与邻国是皮与毛的关系。《左传·僖公五年》载：宫之奇谏曰（虞公）：虢，虞之表也；虢亡，虞必从之。

《左传·隐公六年》载：五父（陈国公子，名佗）谏（陈桓公）曰：亲仁善邻，国之宝也。《左传·僖公七年》载：管仲言于齐侯（齐桓公）曰：臣闻之，招携以礼，怀德以远。德礼不易，无人不怀。

《左传·昭公四年》载：公（晋平公）曰："晋有三不殆，其何敌之有！国险而多马，齐、楚多难。有是三者，何乡而不济？"司马侯曰：恃险与马，而虞邻国之难，是三殆也……邻国之难，不可虞也。或多难以固其国，启其疆土；或无难以丧其国，失其守宇。若何虞难；齐有仲孙之难而获桓公，至今赖之；晋有里、丕之难而获文公，是以为盟主。卫、邢无难，敌亦丧之。故人之难！不可虞也。恃此三者，而不修政德，亡于不暇，又何能济？

6. 国家政治体制选择

夏商周三代政治体制以分封制为主，各历经数百年。但是经历了五百多年战火洗礼而新建立的秦朝舍弃了分封制，认为分封制是治乱之源。①《史记·秦始皇本纪》有载：丞相绾等言："诸侯初破，燕、齐、荆地远，不为置王，毋以填之。请立诸子，唯上幸许。"始皇下其议於群臣，群臣皆以为便。廷尉李斯议曰："周文武所封子弟同姓甚众，然后属疏远，相攻击如仇雠，诸侯更相诛伐，周天子弗能禁止。今海内赖陛下神灵一统，皆为郡县，诸子功臣以公赋税重赏赐之，甚足易制。天下无异意，则安宁之术也。置诸侯不便。"始皇曰："天下共苦战斗不休，以有侯王。赖宗庙，天下初定，又复立国，是树兵也，而求其宁息，岂不难哉！廷尉议是。"

秦朝行郡县制，但西汉初年又设立了众多同姓诸侯王，开朝皇帝逝去之后，各地藩王开始威胁中央统治，因此西汉政治家又提出了削弱诸侯王以维护中央长治久安之策。

《史记·贾谊传》有载：夫树国固必相疑之势，下数被其殃，上数爽其忧，甚非所以安上而全下也……欲天下之治安，莫若众建诸侯而少其力。力少则易使以义，国小则亡邪心。令海内之势如身之使臂，臂之使指，莫不制从，诸侯之君不敢有异心，辐凑并进而归命天子，虽在细民，且知其安，故天下咸知陛下之明。

《汉书·主父偃传》有言：愿陛下令诸侯得推恩分子弟，以地侯之。彼人人喜得所愿，上以德施，实分其国，不削而稍弱矣。

---

① 军事科学院战争理论和战略研究部编《安邦大略：中国历代国家安全战略思想论析》，军事科学出版社，2007，第112页。

强干弱枝，强大中央，主要城市。《陆宣公翰苑集·卷十一·论关中事宜状》有载：臣（陆挚）闻国家之立也，本大而末小，是以能固。又闻理天下者，若身之使臂，臂之使指，则大小适称而不悖焉。身所以能使臂者，身大於臂故也；臂所以能使指者，臂大於指故也。王畿者，四方之本也，京邑者，又王畿之本也，其势当令京邑如身，王畿如臂，四方如指，故用则不悖，处则不危，斯乃居重驭轻，天子之大权也。非独为御诸夏而已，抑又有镇抚戎狄之术焉。

《宋名臣言行录·前集卷一》有载：（宋太祖）问曰："天下自唐季以来数十年间，帝王凡易八姓，战斗不息，生民涂地，其何故也？吾欲息天下之兵，为国家建长久之计，其道何如？"（赵）普曰："陛下之言及此，天地人神之福也。此非他故，方镇太重，君弱臣强而已。今欲治之，惟稍夺其权，制其钱谷，收其精兵，则天下自安矣。"

《陵川集》卷三十二有言：纲纪礼义者，天下之元气。文物典章者，天下之命脉。非是，则天下之器不能安。小废则小坏，大废则大坏。小为之修完，则小康。大为之修完，则太平。故有志于天下者，必修之，而不弃也。以致治自期，以天下自任，孳孳汲汲，持扶安全，必至成功而后已。

三　古代关于国家安全危害要素的思想

古代思想家、政治家提出了多种危害国家安全的要素。其中，统治者无道是危害国家安全首要的因素。《后汉书·臧宫传》有载：（汉光武帝刘秀）诏报曰："《黄石公记》曰，'柔能制刚，弱能制强'。柔者德也，刚者贼也，弱者仁之助也，强者怨之归也。故曰有德之君，以所乐乐人；无德之君，以所乐乐身。乐人者其乐长，乐身者不久而亡。舍近谋远者，劳而无功；舍远谋近者，逸而有终。逸政多忠臣，劳政多乱人。故曰务广地者荒，务广德者强。有其有者安，贪人有者残。残灭之政，虽成必败。今国无善政，灾变不息，百姓惊惶，人不自保，而复欲远事边外乎？孔子曰：'吾恐季孙之忧，不在颛臾。'且北狄尚强，而屯田警备传闻之事，恒多失实。诚能举天下之半以灭大寇，岂非至愿；苟非其时，不如息人。"自是诸将莫敢复言兵事者。

事实上，危害国家安全的要素还有很多，如墨子提出了七患。子墨子曰：国有七患。七患者何？城郭沟池不可守而治宫室，一患也；边国至境，四邻莫救，二患也；先尽民力无用之功，赏赐无能之人，民力尽于无用，财宝虚于待客，三患也；仕者持禄，游者爱佼，君修法讨臣，臣慑而不敢拂，四患也；君自以为圣智而不问事，自以为安强而无守备，四邻谋之不知戒，五患也；所信者不忠，所忠者不信，六患也；畜种菽粟不足以食之，大臣不足以事之，赏赐不能喜，诛罚不能威，七患也。以七患居国，必无社稷；以七患守城，敌至国倾。七患之所当，国必有殃。故仓无备粟，不可以待凶饥；库无备兵，虽有义不能征无义；城郭不备全，不可以自守；心无备虑，不可以应卒……故备者，国之重也。食者，国之宝也；兵者，国之爪也；城者，所以自守也；此三者，国之具也。（《墨子·七患》）

古人对内与外、标与本的关系具有深刻的认识，认为标本失衡或处理不当会影响国家安全。严复从另一个角度，即标与本的关系，论述了危害国家安全的诸多要素。《严复集》第一册有言：古今谋国救时之道，其所轻重缓急者，综而论之，不外标、本两言而已。标者，在夫理财、经武、择交、善邻之间；本者，存夫立政、养才、风俗、人心之际。势亟，则不能不先事其标；势缓，则可以深维其本。盖使势亟而不先事标，将立见覆亡，本于何有？顾标必不能徒立也。使其本大坏，则标匪所附，虽力治标，亦终无功。是故标、本为治，不可偏废，非至明达于二者之间，权衡至审而节次图之，固不可耳。

四　古代关于国家安全保障要素的思想

王制时代与帝制时代战乱是常见现象，尤其是春秋战国时期，彼时就有思想家提出了如何保障国富兵强，保障国家安全。

1. 以农为本

《商君书·农战》有载，国之所以兴者，农战也。国待农战而安，主待农战而尊。夫民之不农战也，上好言而官失常也。常官则国治，壹务则国富。国富而治，王之道也。故曰：王道作外，身作壹而已矣。

2. 加强内政建设

《国语·齐语》有载：桓公曰："吾欲从事于诸侯，其可乎？"管子对曰："未可，国未安。"桓公曰："安国若何？"管子对曰："修旧法，择其善者而业用之；遂滋民，与无财，而敬百姓，则国安矣。"……国既安矣，桓公曰："国安矣，其可乎？"管子对曰："未可。君若正卒伍，修甲兵，则大国亦将正卒伍，修甲兵，则难以速得志矣。君有攻伐之器，小国诸侯有守御之备，则难以速得志矣。君若欲速得志于天下诸侯，则事可以隐，令可以寄政。"桓公曰："为之若何？"管子对曰："作内政而寄军令焉。"桓公曰："善。"可见古人认为良好的法令、内政可以保障国家强盛与安全。

3. 加强战略储备

古人特别重视储备关键战略物资，在冷兵器时代，最为重要的战略物资是粮食。《汉书·食货志》有言：神农之教曰："有石城十仞，汤池百步，带甲百万，而亡粟，弗能守也。"以是观之，粟者，王者大用，政之本务。粮食的重要性。《三国志·魏书·武帝纪》有载：自遭荒乱，率乏粮谷。诸军并起，无终岁之计，饥则寇略，饱则弃余，瓦解流离，无敌自破者不可胜数……夫定国之术，在于强兵足食，秦人以急农兼天下，孝武以屯田定西域，此先代之良式也。

4. 施政以德

古人认为，要保障国家安全，内部治理是最主要的，其在于君王施政以德。《旧唐书·郭元振传》有言：夫善为国者，当先料内以敌外，不贪外以害内，然后夷夏晏安，升平可保。《清圣祖实录》卷一五一有言：上（康熙）谕大学士等曰："帝王治天下，自有本原，不专恃险阻。秦筑长城以来，汉、唐、宋亦常修理。其时岂无边患，明末，我太祖统大兵长驱直入，诸路瓦解，皆莫敢当。可见守国之道，惟在修德安民，民心悦，则邦本得，而边境自固，所谓众志成城是也。"

施政以德还体现在灾害时期政府出台各种救济措施。如《明经世文编》卷六十三《马端肃公奏疏二·恤百姓以固邦本疏》有言：切惟自古人君之有天下、未尝不以爱养斯民为首务也、仰惟我太祖高皇帝、膺天眷命、奄有万方、惓惓以、仁爱养民、凡遇灾伤、即免税粮、虽丰收之年。度其仓廪有余之处。亦量蠲免。地亩税粮什一而税。凡一应供用果品牲口颜料等项俱于粮石内免粮买办未尝分毫重科于民视彼成周。尤为过之。

5. 文武兼备

先秦思想家、政治家认为国家安全内治靠文，外兵靠武，文治需要强化，而对武力要慎用，但也要文武兼备。《史记·孔子世家》有载：定公十年春，及齐平……孔子摄相事，曰："臣闻有文事者必有武备，有武事者必有文备。古者诸侯出疆，必具官以从。请具左右司马。"定公曰："诺。"《逸周书·武穆》有载：曰若稽古，曰昭天之道，熙帝之载，揆民之任，夷德之用。总之以咸殷。……敬惟三事，永有休哉。三事：一倡德，三和乱，三终齐……凡建国君民，内事文而和。外事武而义，其形慎而杀，其政直而公，本之以礼，动之以时，正之以度，师之以法，成之以仁。此之道也。

《史记·郦生陆贾列传》有载：陆生时时前说称《诗》《书》。高帝骂之曰："乃公居马上而得之，安事《诗》《书》！"陆生曰："居马上得之，宁可以马上治之乎？且汤、武逆取而以顺守之，文武并用，长久之术也。"

6. 慎战

《道德经·三十章》有载：以道佐人主者，不以兵强天下，其事好还。师之所处，荆棘生焉。大军之后，必有凶年。善有果而已，不敢以取强。果而勿矜，果而勿伐，果而勿骄，果而不得已，果而勿强。物壮则老，是谓不道，不道早已。

《孙子兵法·火攻篇》有言：夫战胜攻取，而不修其功者凶，命曰费留。故曰：明主虑之，良将修之。非利不动，非得不用，非危不战。主不可以怒而兴师，将不可以愠而致战；合于利而动，不合于利而止。怒可以复喜，愠可以复悦；亡国不可以复存，死者不可以复生。故明君慎之，良将警之，此安国全军之道也。

《汉书·赵充国传》有载：臣（赵充国）闻帝王之兵，以全取胜，是以贵谋而贱战。

7. 居安思危

先秦思想家特别强调居安思危意识对国家安全的重要意义，因为福祸相依，物极必反，认为做到居安思危，国家才能安定。

《易传·系辞下》有言：危者，安其位者也；亡者，保其存者也；乱者，有其治者也。是故君子安而不忘危，存而不忘亡，治而不忘乱，是以身安而国家可保也。《易》曰：其亡！其亡！系于苞桑。

《道德经·六十四章》有言：其安易持，其未兆易谋；其脆易泮，其微易散。为之于未有，治之于未乱。

《孟子·告子下》有言：入则无法家拂士，出则无敌国外患者，国恒亡。然后知生于忧患，而死于安乐也。

《管子·重令》有言：地大国富，人众兵强，此霸王之本也，然而与危亡为邻矣。天道之数，人心之变。天道之数，至则反，盛则衰。

《司马法·仁本》有言：故国虽大，好战必亡；天下虽安，忘战必危。

《汉书·匈奴传》有载：臣（杨雄）闻《六经》之治，贵于未乱；兵家之胜，贵于未战。二者皆微，然而大事之本，不可不察也。今单于上书求朝，国家不许而辞之，臣愚以为汉与匈奴从此隙矣……夫百年劳之，一日失之，费十而爱一，臣窃为国不安也。唯陛下少留意于未乱未战，以遏边萌之祸。

《晋书·刘颂传》有载：顾惟万载之事，理在二端。天下大器，一安难倾，一倾难正。故虑经后世者，必精目下之政，政安遗业，使数世赖之。若乃兼建诸侯而树藩屏，深根固蒂，则祚延无穷，可以比迹三代。如或当身之政，遗风余烈不及后嗣，虽树亲戚，而成国之制不建，使夫后世独任智力以安大业。若未尽其理，虽经异时，忧责犹追在陛下，将如之何！愿陛下善当今之政，树不拔之势，则天下无遗忧矣。

《魏书·孙绍传》有言：臣闻建国有计，虽危必安；施化能和，虽寡必盛；治乖人理，虽合必离；作用失机，虽成必败。此乃古今同然，百王之定法也。……四军五校之轨，领、护分事之式，征兵储粟之要，舟车水陆之资，山河要害之权，缓急去来之用，持平赴救之方，节用应时之法，特宜修置，以固堂堂之基。持盈之体，何得而忽？居安之辰，故应危惧矣。

《旧唐书·韦嗣立传》（韦嗣立论国资于储蓄）有言：臣闻国无九年之储，家无三年之蓄，家非其家，国非其国。故知立国立家，皆资于储蓄矣。夫水旱之灾，关之阴阳运数，非人智力所能及也。尧遭大水，汤遭大旱，则知仁圣之君所不能免，当此时不至于困弊者，积也。

《旧唐书·魏征传》有载：臣闻求木之长者，必固其根本；欲流之远者，必浚其泉源；思国之安者，必积其德义。源不深而望流之远，根不固而求木之长，德不厚而思国之治，臣虽下愚，知其不可，而况于明哲乎？人君当神器之重，居域中之大，将崇极天之峻，永保无疆之休，不念居安思危，戒奢以俭，德不处其厚，情不胜其欲，斯亦伐根以求木茂，塞源而欲流长者也。

《明太祖实录》卷七十八洪武六年正月壬子条有载：上谕（明太祖）曰：处太平之世，不可忘战；略荒裔之地，不如守边。……然念向者创业之难及思古人居安虑危之戒，终不敢自宁。……御边之道，固当示以威武，尤必守之以持重。来则御之，去则勿追，斯为上策。若专务穷兵，朕所不取，卿等慎之。

8. 加强体制、机制、人才建设

古代国家之间多战争，因而军队建设也是维护国家安全的必要保障，军队建设包括军事体系改革、军事人才队伍建设等方面。

《尚书·立政》有载：周公论立政：其勿误于庶狱，惟有司之牧夫。其克诘尔戎兵以陟禹之迹，方行天下，至于海表，罔有不服，以覲文王之耿光，以扬武王之大烈。呜呼，继自今后王立政，其惟克用常人。

《吕氏春秋·简选》有言：故凡兵势险阻，欲其便也；兵甲器械，欲其利也；选练角材，欲其精也；统率士民，欲其教也。此四者，义兵之助也，时变之应也，不可为而不足专恃。此胜之一策也。

《旧唐书·李勣传》有载：太宗曰："隋炀帝不能精选贤良，安抚边境，惟解筑长城以备突厥。朕今委（李）勣于并州，塞垣安静，岂不胜远筑长城耶？"

《宋史·贾昌朝传》有载：（贾昌朝）乃上言曰："太祖初有天下，监唐末五代方镇武臣、土兵牙校之盛，尽收其威权，当时以为万世之利。近岁士不练习，将不得人，故战则必败。此削方镇太过之弊也。况亲旧、恩幸，出即为将，素不知兵，一旦付以千万人之命，是驱之死地矣。此用亲旧、恩幸之弊也。"

《端明集》卷二十二《论兵十事》有言：强兵之说如何？一曰消冗。谓冗兵不可以暴减，当有术以消之。二曰选择。谓老弱疾病不堪战阵之人即拣择而去之。三曰省兵。谓不应置兵处与置之过多者则省之。四曰训练。谓兵虽少壮，而训练不得其术，与不教同。五曰立兵法。今之兵法绝无统制，故不可用，用之则败。此五者备修，则兵少而精矣。兵少则财用饶，财用饶则国富矣。兵精，以战则胜，以守则固，而兵强矣。

除了军事体系改革、军队人才建设以外，古人还非常注重在社会治理中进行文官改革、文官人才选任，认为只有文官武将都有能力，才能保证国家内外安定。

《旧唐书·马周传》有言：临天下者，以人为本。欲令百姓安乐，唯在刺史、县令。县令既众，不能皆贤，若每州得良刺史，则合境苏息；天下刺史悉称圣意，则陛下端拱岩廊之上，百姓不虑不安。

《明经世文编》卷二八八《薛方山文集·省官议》有言：我国家设官之制，准周六典，参酌前代，文武无偏重之权，内外有相维之势，诚足以垂之万世而无弊者矣。但其间亦或因一事而分一官，或有因一时而设一职，积习既久，遂以为常。不有以省之，则无益于事，只以扰民。《记》曰："官不必备，唯其人。"

9. 处理好不同民族间的关系

秦汉以后，中央国家与周边民族的关系成为重要的政治议题，不同朝代或和或打，各有利弊。但总体上古人认为，中央国家对周边民族政权，或者族群还是以仁爱为主，武力为辅，恩威并施，才能保证国家安全。[1]《晋书·阮种传》有言：自魏氏以来，夷虏内附，鲜有桀悍侵渔之患。……受方任者，又非其材，或以狙诈，侵侮边夷；或干赏啗利，妄加讨戮。夫以微羁而御悍马，又乃操以烦策，其不制者，固其理也。是以群丑荡骇，缘间而动。虽三州覆败，牧守不反，此非胡虏之甚劲，盖用之者过也。臣闻王者之伐，有征无战，怀远以德，不闻以兵。夫兵凶器，而战危事也。

《资治通鉴·唐纪九》有载：壬午，靺鞨遣使入贡，（唐太宗）上曰："靺鞨远来，盖突厥已服之故也。昔人谓御戎无上策，朕今治安中国，四夷自服，岂非上策乎！"

《资治通鉴·唐纪十四》有载：太宗曰："自古皆贵中华，贱夷狄，朕独爱之如一，故其种落皆依朕如父母。"

《明太祖宝训》卷六有载：明太祖曰：溪洞之民引诱猺獠为寇，此

---

[1] 军事科学院战争理论和战略研究部编《安邦大略：中国历代国家安全战略思想论析》，军事科学出版社，2007，第211页。

诚有之。然其间岂无良善？若一概捕戮，恐及无辜。大抵驭蛮夷之道，惟当安近以来远，不可因恶以累善。非实有左验，不宜捕戮。……夫中国之于蛮夷，在制驭之何如。盖蛮夷非威不畏，非惠不怀。然一于威则不能感其心，一于惠则不能慑其暴。惟威惠并行，此驭蛮夷之道也。古人有言，以怀德畏威为强，政以此耳。

《明史·刘球传》（谏伐麓川疏）有言：天子之驭夷狄，必宽宥于其小，而谨防于其大，所以适缓急之宜，为天下久安计也。故周伐崇不克，即退修德教以待其降。

《王鉴川文集一·再奉明旨条议北虏封贡疏》有言：俺答果向顺也，年年进贡，则华夷得所，中外两安。此即天未阴雨之时，正我绸缪牖户之日。自此修频年不可修之堡，自此耕塞外不可耕之田，自此练春秋不可解春秋之甲。一年安静，一年之修备也；十年安静，十年之整顿也。万一俺酋弗率，违背前好，侵我边疆，即将闭关绝使，整戈秣马，与之驰驱疆场。

《清世宗实录》卷八十有言：直省各处皆有回民居住，由来已久。其人既为国家之编氓，即俱为国家之赤子，原不容以异视也……朕思回民之有教，乃其先代留遗，家风土俗，亦犹中国人之籍贯不同，嗜好方言亦遂各异。是以回民有礼拜寺之名，有衣服文字之别，要亦从俗从宜各安其习……且朝廷一视同仁，回民中拜官受爵、荐登显秩者尝不乏人，则其勉修善行守法奉公以为良民者，亦回民之本心也。要在地方官吏不以回民异视，而以治众者治回民；为回民者亦不以回民自异，即以习回教者习善教。则赏善罚恶，上之乏自无不行；悔过迁善，下之俗自无不厚也。

《清经世文编》卷八十六《兵政十七·蛮防上》有言：窃以苗猓逞凶，皆由土司，土司肆虐，并无官法，恃有土官土目之名，行其相杀相之计。汉民被其摧残，夷人受其荼毒，此边疆大害，必当翦除者也……故以臣愚昧，统计滇黔，必以此为第一要务。然改归之法（改土司制为流官制），计擒为上策，兵剿为下策；令自投献为上策，勒令投献为下策。

《清经世文编》卷八十八《兵政十九·苗防》（晏斯盛论绥理苗疆）有言：滇黔苦兵久矣。其素既无以服之。其继皆有所以激之。文武员吏贪利而幸功。苟且一时。断未有能善其后者。彼地险隘而性犷悍。剿固已难。既剿而绥抚之使长治久安尤难。然治安之要。在于得人。得其人而治之安之。则亦无不可久长也。其人务以清静为体。以缜密精明宽大为用。始也制要害而周为之防。继也因习熟而利为之道。斯亦可矣。夫大化之所及。必有其渐。非可以旦夕期……苟得其人。则州县之承风旨而凛宪法者。可朝令而夕至也。

第二节　总体国家安全观的马克思主义理论基础

一　总体国家安全观的唯物论理论基础

从唯物论角度看，总体国家安全观坚持从世情国情出发，是对新时代我国国家安全形势的统筹安排。马克思主义认为，世界的真正同一性在于它的物质性，无论是人的意识还是社会生活都必须统一于物质。世界的物质统一性作为马克思主义哲学的基石，要求我们在现实的生活和实践过程中必须做到一切从实际出发，坚持实事求是，以之作为想问题、办事情的根本立足点，这是唯物主义的根本要求。

总体国家安全观作为社会意识的范畴，它的提出从根本上说是源于新时代中国特色社会主义建设的新情况、新变化，是在新的时代条件下应对国际国内安全问题的新挑战形成的最新理论成果，因此是对一切从实际出发这一唯物主义原则的具体体现。针对新时代条件下我国国家安全形势所呈现的新旧叠加、时空交错、内外联动的特点，习近平强调："要学习掌握世界统一于物质、物质决定意识的原理，坚持从客观实际出发制定政策、推动工作。"① 坚持理论联系实际，坚持一切从实际出发，构成了总体国家安全观最为鲜明的特色。具体而言，习近平总体国家安全观是从以下三个方面的实际出发加以确定的。

1. 基于国家安全向非传统领域扩展，扩大国家安全范围

总体国家安全观作为中国特色社会主义国家安全理论的最新成果，是在传统国家安全观的基础上，随着我国社会主义建设的实践需要，不断丰富和发展起来的，其所具有的与时俱进的理论品质极大地拓展了我国国家安全所涉及的领域，丰富了国家安全的理论内涵。在新中国成立之初，面对当时严峻的国际国内环境，毛泽东将国家安全工作的主要内容定位在了保护新生的社会主义政权，即维护国家主权独立和领土完整之上。后来随着改革开放事业的迅速展开，我国的国家安全开始溢出政治、军事的范围，拓展到其他领域，邓小平将其发展为以经济、科技、军事、政治、文化五项要素为核心的综合国家安全观。当下，面对更加复杂的国内外安全形势，习近平创造性地将国土安全、社会安全、信息安全、生态安全、资源安全、核安全六个全新方面融入国家安全之中，从而使国家安全成为一个既包含内部安全

---

① 习近平：《论党的宣传思想工作》，中央文献出版社，2020，第125页。

又包含外部安全、既包含国土安全又包含国民安全、既包含传统安全又包含非传统安全的成熟且完善的理论体系。

通过不同发展时期我国国家安全理论的内涵变化以及工作方法的转变，我们可以看出总体国家安全观坚持了"一切从实际出发"这一马克思主义哲学的根本方法论原则，是在新时代背景下对中国特色社会主义国家安全观的全面拓展与优化，体现了我国"安全视野在横向和纵向上的扩展。在横向上，国家安全从以往集中于政治、军事安全向更广泛的安全领域扩展。在纵向上，国家安全从关注自身安全向其他层面的安全扩展"①。

2. 基于国家安全诸要素的纠葛叠加，搭建高层次治理平台

总体国家安全观是在新的历史条件下，立足我国国家安全形势的新变化、新特点、新趋势做出的重大战略决策，是马克思主义唯物论原理在国家安全领域的具体运用。就我国目前的安全形势而言，它比以往任何时候都表现得更为严峻和复杂。从外部环境看，大国博弈日益加深，地区冲突依旧频频上演，构建和谐世界仍存在诸多挑战；从内部环境看，传统与非传统、预见与不可预见的安全风险都在加大。更为紧要的是，这些不同领域的安全风险之间相互纠缠、相互作用，从而形成牵一发而动全身的态势。在这样的安全形势之下，各自为政、分散用力的安全工作机制已经无法再适应维护国家安全的需要，由它所带来的更多的是国家安全问题上"单打一"局面，甚至是不同方面之间互相矛盾、冲突、干扰和制约的结果，因此我们需要"搭建一个强有力的平台统筹国家安全工作"②，加强对国家安全的顶

---

① 总体国家安全观干部读本编委会编著《总体国家安全观干部读本》，人民出版社，2016，第 12~13 页。

② 《习近平谈治国理政》，外文出版社，2014，第 84 页。

层设计。正是在这种情况下，党的十八届三中全会决定成立国家安全委员会，统筹领导国家安全工作。这是顺应时代发展"新实际"需要的重大举措，是推进国家治理体系和治理能力现代化、实现国家长治久安的迫切要求，是全面建成小康社会、实现中华民族伟大复兴中国梦的重要保障。通过建立集中统一、高效权威的国家安全体制，从而从战略的高度加强对国家安全工作的领导，使得国家安全各方面的建设相互促进、良性互动、协同配合，最大限度地凝聚国家安全各方面建设的合力以实现成效的最大化，提升国家安全治理水平。

3. 基于国家安全的法治化要求，转变国家安全治理方式

在总体国家安全观中，"推进国家安全法治建设"构成其重要内容之一，以法治保障国家安全成为实现国家安全观的关键举措。这是我国国家安全工作的一项新发展，因为在之前的相当长一段时间内，并没有专门、系统的法律来统筹维护国家安全，国家安全也主要是凭借个别国家安全部门的力量在支撑。我国的国家安全法律体系建设长期处于相对滞后的状态，在个别领域仍存在法律空白，从而使得危害国家安全的行为得不到有效惩治，国家安全得不到切实保障。在新时代，随着我国的国家安全局势变得更为复杂和严峻，仅靠个别法律的修修补补和个别部门的单打独斗已经很难加以应对，这就要求我们必须面对实践需要，加快国家安全法治建设，推进公共安全法治化。在这一方针的指导下，我国近年来已经制定和颁布了《国家安全法》《反间谍法》《反恐怖主义法》等一系列法律法规，开创了国家安全领域"有法可依"的新局面。《国家安全法》的实施在全社会范围内规定了各主体在国家安全中的职责，明确了广大人民群众维护国家的义务，为走出一条中国特色国家安全道路奠定了坚实的法律基础。

二　总体国家安全观的辩证法理论基础

从辩证法角度看，总体国家安全观既坚守底线又统揽全局，既全面推进又突出重点，既立足于国内又着眼于国际。就新时代总体国家安全观而言，它是由"政治安全、国土安全、军事安全、经济安全、文化安全、社会安全、科技安全、信息安全、生态安全、资源安全、核安全"等多方面内容构成的有机整体。在这一体系当中，各个领域之间相互贯通、相互支撑，却又不是无差别的简单并列关系，其中"政治安全为根本""经济安全为基础""军事、文化、社会安全为保障""国际安全为依托"。据此我们可以看出，新时代总体国家安全观既内涵丰富又重点突出，而它之所以呈现这样的战略特点，从根本上说是源于以习近平同志为核心的党中央对我国当下国家安全问题的全面、客观、准确地把握，源于对我国国家安全及其内部诸要素的深刻认识，是坚持运用马克思主义辩证思维方法来对国家安全问题加以分析的结果。具体来说，新时代总体国家安全观在坚守底线的同时又统揽全局，在坚持全方位布局的同时又不失侧重，在坚持国内安全的同时又兼顾国外安全，全面彰显了马克思主义辩证法的"普遍联系"与"永恒发展"，"整体"与"局部"，"两点论"与"重点论"，"内因与外因"相结合的观点。正是在马克思主义辩证思维方法的指导下，才从根本上确保了习近平总书记关于国家安全的重要论述具有科学性和有效性。

1. 总体国家安全观坚持普遍联系和永恒发展

唯物辩证法认为世界是普遍联系和永恒发展的。总体国家安全观从政治、经济、军事、信息、科技、资源等 11 个方面概括了中国国家安全的内容，将影响国家安全的各种因素拓展到更广泛的领域，构建了一个完整、有机的国家安全体系，这主要是对马克思主义唯物辩证法普遍联系原理的运用。进入新时代，中国的国家安全环境日益复杂，风险因素明显增多，所涉及的领域比历史上任何时期都要广泛。在此背景下，只有科学运用普遍联系的原理，观察和分析国家安全问题的方方面面，才能统揽国家安全全局，正确应对和处理复杂多变的国家安全问题。正如列宁指出的那样："要真正地认识事物，就必须把握住、研究清楚它的一切方面、一切联系和'中介'。"[①] 总体国家安全观是国家安全现实状况的客观反映，其所涉及的每个领域都有自身的内容和独特属性，但彼此之间相互联系、相互作用，共同构成国家安全的有机整体。因此，应从整体上把握国家安全各个领域之间的有机联系，而不能静止、孤立、片面地看待国家安全问题。"每种现象的一切方面（而历史不断揭示出新的方面），都是互相依存的，彼此有极其密切而不可分割的联系，形成统一的、有规律的世界运动过程。"[②] 总体国家安全观概念中的"总体"一词本身即是普遍联系原理的反映。总体国家安全观要求"把国家安全置于中国特色社会主义事业全局中来把握""要坚持党对国家安全工作的绝对领导，实施更为有力的统领和协调""坚持人民安全、政治安全、国家利益至上的有机统一"[③] 等，均是将普遍联系原理运用到国家安全领域得出的结论。善于运用普遍联系原理分析国家安全形势，可以更好地认识和把握国家安全规律，在国家安全工作实践中自觉以总体国家安全观为指导，正确应对和解决国家安全问题。

---

① 《列宁选集》第 4 卷，人民出版社，2012，第 419 页。
② 《列宁全集》第 21 卷，人民出版社，1959，第 36 页。
③ 中共中央宣传部　中央国家安全委员会办公室编《总体国家安全观学习纲要》，人民出版社，2022，第 23 页，第 5 页。

总体国家安全观从两个方面体现了唯物辩证法的发展理念。一是反映了国际安全形势和安全问题的变化。冷战结束以来，国际安全环境变化剧烈，安全的内涵和外延不断拓展，冲击着人们对国家安全及其实现路径的认识。当前，国际体系和国际秩序加速调整，冷战思维仍然存在，世界仍不太平，传统安全问题没有得到根本解决；全球发展不平衡加剧，逆全球化潮流涌动，资源环境问题突出，恐怖主义肆虐，网络攻击频发，非传统安全问题突出；安全突破国界，国内安全问题和国际安全问题交织。总体国家安全观吸收了人们对国家安全传统认知的合理因素，反映了中国面临安全形势的变化，实现了安全观念内涵和外延上的拓展。二是继承和发展了马克思主义的安全观，实现了对中国特色安全道路的拓展。总体国家安全观继承和发展了新中国成立之后几代领导人对国家安全的认识，对国家安全的内涵有了更加丰富的理解，体现了当前国家安全治理的需要，是中国特色安全道路的理论衍进，是一个与时俱进、动态发展的理论体系。

2. 总体国家安全观坚持整体与局部相统一

马克思主义认为，世界是一个统一、有机联系的整体，认知、分析事物需要运用整体观念，同时还要重视局部的意义，科学处理整体与局部的关系。

一方面，总体国家安全观的丰富内涵体现了整体协同的辩证思维方式。首先，它"以人民安全为宗旨，以政治安全为根本，以经济安全为基础，以军事、文化、社会安全为保障，以促进国际安全为依托"[1]；它"既重视外部安全，又重视内部安全；既重视国土安全，又重视国民安全；既重视传统安全，又重视非传统安全；既重视发展

---

① 《习近平关于社会主义社会建设论述摘编》，中央文献出版社，2017，第170页。

问题，又重视安全问题；既重视自身安全，又重视共同安全"①，以辩证的思维洞悉、把握事物的内部联系，从而建构了覆盖十一个重要社会领域的国家安全体系。其次，推进总体国家安全观的方式方法体现了整体协同的辩证思维方式。为保障总体国家安全观的顺利贯彻落实，我国设立了国家安全委员会这一负责国家安全工作的专门机构，并以全面依法治国为引领，颁布实施了统领各安全领域的《国家安全法》，构成了国家安全工作的顶层设计。同时，习近平强调治国治党必须要坚持"增强忧患意识，做到居安思危"② 的原则，面对威胁与挑战必须"保持清醒头脑、强化底线思维"③，实现了贯彻落实总体国家安全观的顶层设计与底线思维的辩证统一。最后，总体国家安全观三位一体的战略视野体现了整体协同的辩证思维方式。总体国家安全观超越传统国家安全观"重外部安全轻内部安全"的局限，触达中国、亚洲、国际安全新视野，形成了覆盖国家安全观—亚洲安全观—世界安全观三位一体的战略格局，实现了国家安全视野微观、中观、宏观三者的辩证统一。

另一方面，新时代总体国家安全观作为一个涵盖多方面内容的有机体，虽然它的各个部分之间相互贯通、相互支撑，却不是无差别的简单并列关系，政治安全构成了其最为核心的内容。正如习近平明确指出的，坚持总体国家安全观必须要以政治安全为根本，"要把维护国家政治安全特别是政权安全、制度安全放在第一位"④。这表明，政治安全是安邦定国的重要基石，是维护国家安全和全国各族人民利

① 《习近平关于社会主义社会建设论述摘编》，中央文献出版社，2017，第 170~171 页。
② 《习近平谈治国理政》第 3 卷，外文出版社，2020，第 19 页。
③ 《习近平谈治国理政》，外文出版社，2014，第 202 页。
④ 《习近平关于社会主义社会建设论述摘编》，中央文献出版社，2017，第 184 页。

益的根本所在。一旦政治安全受到了威胁，其他领域的安全都将变得无从谈起。所以，我们必须要坚定不移地将维护政治安全作为统筹推进总体国家安全的根本所在，通过不断发挥社会主义制度的优越性和加强政治安全体系建设，完善政治安全战略，提高国家防范和抵御安全风险的能力。与此同时，还要加强社会主义法制建设，以法治的力量对那些妄图破坏和颠覆我国社会主义制度的行径以及各种暴力、恐怖、分裂行为给予迎头痛击，将其彻底地粉碎，从而筑起维护国家政治安全的坚强屏障。

3. 总体国家安全观坚持两点论与重点论相统一

唯物辩证法认为，任何事物都是由多重矛盾构成的复杂矛盾体系，在这一体系当中，不同矛盾之间具有主次上的差别，还具有力量对比上的不平衡性，不能等量齐观。这就要求我们在实践的过程中，在具体分析问题和解决问题的过程中必须要有所突出、有所侧重，紧抓主要矛盾，做到重点突出。总体国家安全观建立在对当前我国面临的战略机遇期和安全挑战的准确判断上，在安全维护对象和安全维护手段上强调两点论与重点论的统一，其中包含了丰富的唯物辩证思维。

在 2012 年 12 月召开的中央经济工作会议上，习近平指出："我国发展仍处于重要战略机遇期的基本判断没有变。同时，我国发展的重要战略机遇期在国际环境方面的内涵和条件发生很大变化。"① 这表明，我国国家安全形势既面临有利态势，又存在不容回避的尖锐问题，运用马克思主义哲学两点论思维正确看待"机遇"与"风险"的同时，必须抓住重点，牢牢掌握战略机遇期。当前，我国面临对外维护国家主权、安全、发展利益，对内维护政治安全和社会稳定的双

① 《中央经济工作会议在北京举行 习近平温家宝李克强作重要讲话》，人民网，http://jhsjk.people.cn/article/19914709。

重压力，各种可以预见和难以预见的风险因素明显增多。习近平指出："当前我国国家安全内涵和外延比历史上任何时候都要丰富，时空领域比历史上任何时候都要宽广，内外因素比历史上任何时候都要复杂。"① 针对这种情况，习近平鲜明地提出："我们要坚持'两点论'，一分为二看问题，既要看到国际国内形势中有利的一面，也看到不利的一面，从坏处着想，做最充分的准备，争取较好的结果。"② 这启示我们，在看待国家安全形势时，既不盲目乐观也不消极悲观，既适度自信又如履薄冰，始终保持必要的警惕性，这在安全形势分析上体现出两点论与重点论的统一，科学统筹内部安全与外部安全。

4. 总体国家安全观坚持内因与外因相结合

在唯物辩证法的理论视野之中，事物的运动发展是内因和外因共同作用的结果，其中内因是根据，外因是条件，内因作为内在矛盾决定着事物发展的基本趋向，外因则通过作用于内因从而对事物的发展起重要影响作用，这就要求我们不能只关注事物发展过程中的内因方面，还要看到外因，并将两者有机地结合起来。

习近平指出："贯彻落实总体国家安全观，必须既重视外部安全，又重视内部安全，对内求发展、求变革、求稳定、建设平安中国，对外求和平、求合作、求共赢、建设和谐世界。"③ 总体国家安全观将"内部安全"与"外部安全"统一起来，主要是对马克思主义内因与外因辩证关系原理的运用。其一，内部安全是国家安全的基础。"集中精力办好自己的事情，是我们应对各种风险挑战的关键。"④ 只有实现了内部安全，社会经济建设才能顺利进行，才能提

---

① 《习近平关于社会主义社会建设论述摘编》，中央文献出版社，2017，第170页。
② 《习近平谈治国理政》，外文出版社，2014，第111页。
③ 《习近平关于社会主义社会建设论述摘编》，中央文献出版社，2017，第170页。
④ 《十九大以来重要文献选编》（上），中央文献出版社，2019，第676页。

高国家的经济实力和综合国力，才有能力制止可能发生的战争和其他形式的挑衅，才能抵御源自外部的安全威胁。其二，外部安全是国家安全的重要条件。在国际交往日益紧密的今天，实现国内安全和发展需要和平的国际环境尤其是和平的周边环境。作为一个大国，中国坚定走和平发展道路，是维护世界和平的主要力量。中国致力于营造和平国际环境的努力，不仅促进了国际和平，也有利于促进国内安全。总体国家安全观还将内部安全和外部安全辩证统一起来，"既重视自身安全，又重视共同安全，打造命运共同体，推动各方朝着互利互惠、共同安全的目标相向而行"①。总体国家安全观认为一国在追求本国安全时，应尊重他国合理的安全利益和关切，而不是把本国安全与他国安全对立起来，更不能为实现本国安全而牺牲他国安全。这是绝大多数国家都能够接受的国际安全理念，有利于中国与其他国家开展安全合作，在实践上也有利于实现国内安全与国际安全的有机统一。

三　总体国家安全观的历史唯物主义理论基础

1. 总体国家安全观坚持生产力与生产关系的辩证统一，统筹发展与安全

总体国家安全观强调"发展是安全的基础，安全是发展的条件"②，要求"必须坚持统筹发展和安全两件大事，既要善于运用发展成果夯实国家安全的实力基础，又要善于塑造有利于经济社会发展的安全环境"③。国家安全属于上层建筑范畴，发展属于经济基础范

---

① 《习近平关于社会主义社会建设论述摘编》，中央文献出版社，2017，第171页。
② 《习近平关于总体国家安全观论述摘编》，中央文献出版社，2018，第5页。
③ 《习近平谈治国理政》第3卷，外文出版社，2020，第218页。

畴，发展与安全之间的辩证关系本质上是经济基础与上层建筑之间的辩证关系。总体国家安全观将发展与安全之间的关系统一起来，主要是运用了马克思主义生产力与生产关系辩证关系的原理，统筹考虑国家安全问题和社会发展问题，以协调推进国家总体安全与社会经济发展，做到经济发展不停步、国家安全有保障。

一方面，发展是安全的基础。2014 年 5 月，习近平在亚洲相互协作与信任措施会议上海峰会上指出："要发展和安全并重以实现持久安全……贫瘠的土地上长不成和平的大树，连天的烽火中结不出发展的硕果。对亚洲大多数国家来说，发展就是最大安全，也是解决地区安全问题的'总钥匙'。"① 历史和现实都有力地证明，一个国家如果长期得不到充分发展，那么其安全就没有可靠的保障。当今世界仍然是资本主义占主导地位、以弱肉强食为基本法则的世界，越落后就越容易遭欺凌，国家安全就越没有保障，发展是落后国家摆脱安全困境的根本途径。十月革命后，针对俄国落后于西欧国家的现实，列宁把提高劳动生产率（实质是发展生产力）作为维护和巩固苏维埃政权的根本任务。尽管在意识形态上社会主义与资本主义是根本对立的，但列宁认识到发展是新生的苏维埃政权生存下去的基本条件，因此列宁没有将社会主义与资本主义的对立绝对化，而是主张俄国要积极同各资本主义国家发展经济关系。"有一个极大的因素，使我们能够在这种复杂而又十分特殊的情况下存在下去，这一因素就是一个社会主义国家开始同各资本主义国家建立贸易关系。"② 改革开放以来，中国主动融入世界经济体系，与西方国家建立了紧密的经贸关系，生

---

① 中共中央宣传部、中央国家安全委员会办公室编《总体国家安全观学习纲要》，人民出版社，2022，第 23 页，第 138 页。
② 《列宁全集》第 40 卷，人民出版社，1986，第 25 页。

产力水平迅速提高，人民生活水平明显提升，取得了举世瞩目的发展成就。在发展的基础上，中国获得了包括政治、经济、军事、外交等在内的强大国家安全实力，国家安全保障能力大幅提高，夯实了中国国家安全的基础。

另一方面，安全是发展的条件。习近平指出："国家安全和社会稳定是改革发展的前提。只有国家安全和社会稳定，改革发展才能不断推进。"① 任何国家都难以在国家安全没有保障的情况下持续发展，也没有国家能够在动荡中实现发展。为了发展而忽视国家安全，即使短期内实现了"发展"，发展的成果也很容易由于国家安全问题的爆发而毁于一旦。苏联解体导致苏联地区国家的实力长期难以恢复，东南亚金融危机后很多国家发展水平出现大幅的倒退，均与没有解决好国家安全问题存在密切关系。长期以来，中国致力于走和平发展道路，维护世界和平，这既符合世界人民的普遍追求，也符合中国的国家安全利益。无论国家强弱，战争都是国家安全最直接的威胁，尽可能采取和平手段解决争端，创造和平的环境，就是维护国家安全。

2. 总体国家安全观坚持社会存在与社会意识辩证统一，实现理论创新

"人们的观念、观点和概念，一句话，人们的意识，随着人们的生活条件、人们的社会关系、人们的社会存在的改变而改变"②，即社会存在决定社会意识。总体国家安全观的产生与发展深刻地体现了马克思主义社会存在决定社会意识、社会意识反作用于社会存在的历史唯物主义发展观。

---

① 《习近平关于社会主义社会建设论述摘编》，中央文献出版社，2017，第 167 页。
② 《马克思恩格斯选集》第 1 卷，人民出版社，2012，第 419 页。

在经济全球化、格局多极化、文化多元化、社会信息化的时代背景下，政治、经济、文化、社会、生态、军事、资源、国土、科技、网络、核等社会传统领域与新领域的安全威胁、风险、挑战频现，呈现新老安全问题并存交缠、传统安全威胁与非传统安全威胁交互联动共同作用的复杂乱象。《中国国家安全研究报告（2014）》指出，"非传统领域的安全挑战对中国的国家安全构成了严重威胁"[1]，重点涉及领土、政权、军事传统领域的国家安全观面对如此宽领域、多层次、杂问题的国家安全形势已经难以为继。基于这种社会现实，中国共产党领导全国人民在肯定—否定—否定之否定这一螺旋上升的反复实践认知过程中实现了传统国家安全观的现实改造，总体国家安全观这一非传统国家安全观应时而生，成为新时期国家安全工作的指导思想，是一次认知的飞跃，更是理论的创新。

3. 总体国家安全观坚持人民群众是历史的创造者，以人民安全为宗旨

马克思主义人民群众观是唯物史观的重要内容。马克思和恩格斯在《神圣家族》中写道："历史活动是群众的事业，随着历史活动的深入，必将是群众队伍的扩大。"[2] 这段话非常明确地表述了人民群众是历史主体的思想。人民群众是历史过程的积极主体，一般地说对社会发展起着主要决定作用。群众史观的实质在于，人民群众是历史的创造者。

总体国家安全观生动体现了马克思主义"以人为本"的理念和以人民安全为宗旨。一是体现了中国共产党全心全意为人民服务的宗

---

① 法制日报：《中国国家安全报告：非传统安全问题威胁国家安全》，央广网，http://news. cnr. cn/native/gd/20160412/t20160412_521854704. shtml。

② 《马克思恩格斯全集》第 2 卷，人民出版社，1957，第 104 页。

旨和执政为民的基本价值理念，体现了人民群众的主体性，在安全领域贯彻了党的群众路线，提出"既重视国土安全，又重视国民安全，坚持以民为本、以人为本，坚持国家安全一切为了人民、一切依靠人民，真正夯实国家安全的群众基础"①。总体国家安全观的提出是我国国家安全领域全面贯彻"全心全意为人民服务"宗旨和"执政为民"理念的充分展现。将"人的安全"与"国家安全"相融合，凸显以人为本、执政为民理念，实现了对马克思主义安全观的新拓展，以人类共同安全为目标。二是总体国家安全观对人民安全和国民安全的追求，符合安全观念发展演变的世界潮流，同时突出了国家安全追求中对国家主权和人民群众集体安全的重视。在这一传统安全主体基础上，增加了"人民""国民"等新的安全主体，明确提出"人民安全""国民安全"等新概念，扩展了安全主体范围，进而统筹传统安全与非传统安全，实现人民安全与国家安全的有机结合，强调国家安全是国民安全的基本保障，国民安全是国家安全的根本目标。国民安全是以人为本思想在国家安全领域的新型体现。

4. 总体国家安全观坚持逻辑与历史的统一，做到与时俱进

恩格斯说："历史从哪里开始，思想进程也应当从哪里开始，而思想进程的进一步发展不过是历史过程在抽象的、理论上前后一贯的形式上的反映。"② 总体国家安全观形成与发展的过程，正体现了思维逻辑与历史进程的高度统一。

毛泽东同志的国家安全观以新中国的独立自主大国形象的构建为目标，通过军事手段打击反动势力确保国家的整体安全和领土主权，以不称霸的承诺及和平共处五项原则为社会主义建设提供良好的外部

---

① 《习近平关于社会主义社会建设论述摘编》，中央文献出版社，2017，第170页。
② 《马克思恩格斯选集》第2卷，人民出版社，1995，第43页。

环境。随着以邓小平同志为主要代表的中国共产党人作出了和平与发展成为世界主题的判断，必须抓住这一有利时机，开始通过提高综合国力来维护国家安全。江泽民同志在邓小平国家安全观的基础上，根据经济全球化、格局多极化、科技信息化已成为不可阻挡的趋势的现实情况，综合安全战略树立新的国家安全观，将经济安全提高到综合安全战略的核心地位。胡锦涛同志在继承前几代领导集体的国家安全观的基础上，随着中国综合国力提升注入"和谐"理念，是真正承担起维护世界共同安全的责任和使命的关键。在更为复杂的国际社会环境中，中国在妥善处理一系列国际事务中所显示出来的大国风范，一再向世界证明了中国不仅是和谐世界、共享安全的倡导者，也是和谐世界、共享安全的忠实实践者。

中国特色社会主义进入新时代，习近平纵观当今世界正在经历的大变局，与时俱进地提出了"总体国家安全观"。从外部环境来看，国际形势风云变幻，当今世界是一个新机遇新挑战层出不穷、国际体系和国际秩序深度调整、国际力量对比深刻变化并朝着有利于和平与发展方向变化的世界；从我国发展的阶段性特征来看，我国前所未有地靠近世界舞台中心、前所未有地接近实现中华民族伟大复兴的目标、前所未有地具有实现这个目标的能力和信心；从国家安全面临的威胁来看，主要存在国家被侵略、被颠覆、被分裂的危险，改革发展稳定大局被破坏的危险，中国特色社会主义发展进程被打断的危险。党的十九大报告指出："坚持总体国家安全观。统筹发展和安全，增强忧患意识，做到居安思危，是我们党治国理政的一个重大原则。必须坚持国家利益至上，以人民安全为宗旨，以政治安全为根本，统筹外部安全和内部安全、国土安全和国民安全、传统安全和非传统安全、自身安全和共同安全，完善国家安全制度体系，加强国家安全能力建设，坚决维护国家主权、安全、发展利益。"① 习近平提出的总体国家安全观是新时代中国共产党人在已有安全观基础上，对安全新形势的历史性新判断，充分体现了逻辑与历史统一。

---

① 《十九大以来重要文献选编》（上），中央文献出版社，2019，第 17 页。

第三章 总体国家安全观的主要内容
与基本特征

第一节 总体国家安全观的主要内容

总体国家安全观的内容非常丰富，而且还在不断丰富发展之中，但其主要内容可以概括为：①以人民安全为宗旨的中国特色国家安全道路；②国家安全的十一个基本要素；③国家安全次级要素与不同划分标准下的海外安全；④四个重要的国际安全理念；⑤国家安全领域这五个重要方面。

一 以人民安全为宗旨的中国特色国家安全道路

2014 年 4 月 15 日首次提出总体国家安全观时，习近平就明确指出："必须坚持总体国家安全观，以人民安全为宗旨，以政治安全为根本，以经济安全为基础，以军事、文化、社会安全为保障，以促进国际安全为依托，走出一条中国特色国家安全道路。"① 概括起来，习近平指出的"中国特色国家安全道路"，就是"以人民安全为宗旨，统筹国家安全方方面面的国家安全道路"。因此，中国特色国家安全道路有两个明显特点：一是"以民为本"，即"以人民安全为宗旨"；二是"统筹兼顾"，即兼顾当代国家安全各方面内容。

1. 以人民安全为宗旨，为群众安居乐业提供坚强保障

国家安全和国家安全活动随着国家的出现就出现了，但古今中外历史上的国家安全，核心内容是统治阶级的安全，是国王皇帝一家一姓的安全；古今中外历史上所有有关国家安全的活动，根本目的都是要维护统治阶级安全，特别是国王皇帝一家一姓家天下政权的安全。

在人类思想史上，马克思主义第一次从哲学理论的高度自觉地把物质生产置于整个人类的基础地位，把从事物质生产的劳动群众作为历史的主人。虽然近代以来的西方文明是人本主义的文明，但它只是把理论从神学置换为人学，而没有进一步在人群划分，特别是阶级分析中，把普通百姓置于其应有的地位上。与此不同，马克思主义在对人类社会和人类历史的解释上实现从精神第一到物质第一的革命性转变的同时，也实现了从精神生产者到物质生产者的转变。

马克思主义的群众史观，在作为中国共产党指导思想的毛泽东思想中得到了新发展。毛泽东明确指出："人民，只有人民，才是创造世界历史的真正动力。"② 毛泽东还明确把中国共产党的宗旨概括为"为人民服务"。

《中国共产党章程》进一步规定，中国共产党"坚持全心全意为人民服务。党除了工人阶级和最广大人民群众的利益，没有自己特殊

① 《习近平关于社会主义社会建设论述摘编》，中央文献出版社，2017，第170页。
② 《毛泽东外交文选》，中央文献出版社、世界知识出版社，1994，第42页。

的利益。党在任何时候都把群众利益放在第一位，同群众同甘共苦，保持最密切的联系，坚持权为民所用、情为民所系、利为民所谋，不允许任何党员脱离群众，凌驾于群众之上"①。

以"全心全意为人民服务"为宗旨的中国共产党，带领中国人民浴血奋战，创建了中华人民共和国。中国共产党建立社会主义国家的根本目的，就是要使最广大的人民群众能够从被奴役、被压迫、被剥削的状态中解放出来，使人民真正成为国家的主人。为了确立人民群众在中国这一社会主义国家的主人翁地位，中国共产党领导制定的《中华人民共和国宪法》，明确规定国体为工人阶级领导的、工农联盟为基础的社会主义国家，明确规定国家的一切权力属于人民。

根据《中华人民共和国宪法》，在社会主义中国维护国家安全，首先就要维护以工人农民为主体的人民群众当家作主的宪法地位，维护"一切权力属于人民"的宪法规范，维护中华人民共和国公民各方面的宪法权利。

新中国成立后，党和国家领导人历来都十分重视国家安全和国家安全工作，但在很长一段时间内，国家安全仅仅被理解为领土、主权、政治、军事等方面的安全，国家安全工作也常常被理解为军事、外交、情报、保密、保卫等几个方面的安全，甚至仅仅被理解为情报与反间谍工作。在这种情况下，以往强调的国家安全范围也比较狭隘，主要集中在传统安全观强调的领土、主权、政治、军事、外交、保密、情报和反间谍等几个方面。

与此不同，随着"冷战"结束后各种非传统安全观的兴起和不断发展，人们的国家安全观开始发生重要变化，一些过去在安全领域

---

① 《中国共产党章程》，人民出版社，2022，第21页。

不被关注和重视的内容陆续被纳入安全和国家安全视野中，成为国家安全的全新内容。"人的安全"就是这些新内容中最为重要的。1994年，联合国发表《人类发展报告》，首次提出"人的安全"概念。此后，专家学者从不同方面深入探讨了人的安全问题，许多国家的政府工作也陆续把人的安全作为治国理政的重要内容，出现了各种以保障人的生存、自由和发展权利为主要内容的非传统安全理论。在此背景下，我国学者也从马克思主义群众史观及中国共产党群众路线的角度，把人的安全纳入国家安全理论研究之中，强调国民安全是国家安全的核心和国家安全活动的根本目的。

与此同时，历来十分重视人民群众安全的中国共产党和中国政府，也开始把人民安全、国民安全问题纳入国家安全领域。党的十八大以来，以习近平同志为核心的党中央不仅提出了"以人民为中心"的发展思想，而且提出了"以人民安全为宗旨"的总体国家安全观。习近平不仅在各项工作中强调"以人民为中心"，在国家安全领域强调"以人民安全为宗旨"，并且在关于中国特色国家安全道路的论述中，明确把"人民安全"置于政治安全、经济安全、军事安全、文化安全、社会安全等国家安全基本构成要素之前，确立了人民安全在整个国家安全工作中的宗旨地位、核心地位和首要地位。对此，他明确指出，要"既重视国土安全，又重视国民安全，坚持以民为本、以人为本，坚持国家安全一切为了人民、一切依靠人民，真正夯实国家安全的群众基础"[1]。

此后，习近平在不同场合、针对不同问题，反复强调人民安全、国民安全在国家安全中的宗旨性、目的性的重要地位。2016 年 4 月

---

[1] 《习近平关于社会主义社会建设论述摘编》，中央文献出版社，2017，第 170 页。

15 日首个全民国家安全教育日到来之际，习近平讲到国家安全宣传教育问题时指出："要坚持国家安全一切为了人民、一切依靠人民，动员全党全社会共同努力，汇聚起维护国家安全的强大力量，夯实国家安全的社会基础，防范化解各类安全风险，不断提高人民群众的安全感、幸福感。"①

2016 年 12 月 9 日审议《关于加强国家安全工作的意见》时，中央政治局会议特别强调："必须坚持总体国家安全观，以人民安全为宗旨"；"必须坚持国家安全一切为了人民，一切依靠人民"②。

2017 年 2 月 17 日，在国家安全工作座谈会上，习近平特别强调："国家安全工作归根结底是保障人民利益，要坚持国家安全一切为了人民、一切依靠人民，为群众安居乐业提供坚强保障。"③

2017 年 10 月 18 日，习近平在党的十九大报告中，不仅把总体国家安全观列为坚持与发展中国特色社会主义的十四条基本方略之一，再次强调国家安全工作要"以人民安全为宗旨"。

2020 年 2 月，针对新冠疫情和防疫救治工作，习近平又指出："确保人民群众生命安全和身体健康，是我们党治国理政的一项重大任务。坚持依法防控，要始终把人民群众生命安全和身体健康放在第一位。"④

在非传统安全观视野中，特别是在总体国家安全观理论体系中，"国家安全"和"国家安全工作"都大大超出了传统安全观设定的范

① 《习近平关于社会主义社会建设论述摘编》，中央文献出版社，2017，第 181 页。
② 《中共中央政治局召开会议　分析研究 2017 年经济工作》，共产党员网，https://news. 12371. cn/2016/12/09/ARTI1481275860290886. shtml。
③ 《习近平关于社会主义社会建设论述摘编》，中央文献出版社，2017，第 185 页。
④ 《习近平：全面提高依法防控依法治理能力 健全国家公共卫生应急管理体系》，中华人民共和国国务院新闻办公室，http://www. scio. gov. cn/tt/xjp/document/1674376/1674376. htm。

围，不仅领土、主权、政治、军事、外交、情报等领域的安全是国家安全问题，资源、生态、文化、科技、信息、网络等领域的安全也属于国家安全问题；不仅我们国家内部的安全是国家安全，我们国家的海外安全也是国家安全。以人民安全为宗旨的总体国家安全观，就是要从国内到海外、从传统到非传统，在各个领域全面维护和保障人民的安全，既要从各方面确保人民群众的身体健康和生命安全，也要从各方面确保人民群众的财产安全和幸福生活。为此，我们需要从国家安全的高度，在劳动保护、医疗卫生、食品清洁、低保、养老等方面做深入细致的工作，使人民群众的安全得到全方位保障。

这种以人民安全、人民利益、人民安居乐业为最高价值取向的"人民安全观"，是中国共产党奉行的"全心全意为人民服务"宗旨在国家安全领域的贯彻，是《中华人民共和国宪法》"一切权力属于人民"根本性制度规定在国家安全领域的体现。为此，包括军队、公安、情报、反谍、外交、保密等在内的传统国家安全工作机关，也包括经济、金融、科技、文化、环保、信息、网络等在内的各种非传统国家安全工作部门，在各自不同的国家安全工作中，包括在国家安全风险管理研究和实际工作中，都必须深入学习，认真领会，扎扎实实贯彻落实"以人民安全为宗旨"的总体国家安全观。

2. 以政治安全为根本，确保人民群众当家作主的政治地位

"统筹兼顾"国家安全各方面问题，是总体国家安全观及其包含的中国特色国家安全道路的另一个明显特点。这一点，首先体现在习近平在阐述中国特色国家安全道路时，提出了包括人民安全在内的七个"安全"，即人民安全、政治安全、经济安全、军事安全、文化安全、社会安全和国际安全。在首先强调中国特色国家安全道路"以人民安全为宗旨"后，习近平还强调中国特色国家安全道路要以

政治安全为"根本",以经济安全为"基础",以军事安全、文化安全、社会安全为"保障",以促进国际安全为"依托"。①

自古以来，国家安全的根本问题都是政治安全问题，特别是政权安全问题。之所以说政治安全是国家安全的根本，主要是因为政权的性质、政治的性质，以及政治安全的状况，从根本上决定着整个国家安全的性质和整个国家安全的状况。在不同历史时期，在不同社会制度下，政治安全和政权安全的具体内容是不一样的。在封建王朝和资本主义制度下，政权或者是统治者一家一姓的政权，或者是剥削阶级的政权，普通百姓没有任何政治地位，人民群众的基本权利得不到任何保障。只有在以公有制为主体的社会主义国家，人民群众才真正成为当家作主的国家主人，才有了自己的政治地位、政治权利和政治权力。因此，保障以工人农民为主体的人民当家作主的社会主义民主政治制度，就成为社会主义中国政治安全的根本问题。

《宪法》第一条不仅规定了中华人民共和国是工人阶级领导的，以工农联盟为基础，从而明确了以工农为主体的人民群众的主人翁地位，而且规定了国家实行人民民主专政的社会主义制度，从而为人民当家作主奠定和提供了坚实的制度基础和制度保障。

《宪法》既规定了"中华人民共和国是工人阶级领导的、以工农联盟为基础的人民民主专政的社会主义国家"，也进一步明确规定"社会主义制度是中华人民共和国的根本制度"，"禁止任何组织或者个人破坏社会主义制度。"

《宪法》第二条规定："中华人民共和国的一切权力属于人民。""人民行使国家权力的机关是全国人民代表大会和地方各级人民代表

---

① 《习近平关于总体国家安全观论述摘编》，中央文献出版社，2018，第4页。

大会。""人民依照法律规定，通过各种途径和形式，管理国家事务，管理经济和文化事业，管理社会事务。"其赋予了人民充分的民主权利，确立了社会主义民主政治的基本内容，使人民当家作主以及"以人民为中心"的发展思想和"以人民安全为宗旨"的安全观有了根本制度的保障。

人民民主是《宪法》在根本制度层面赋予公民的最根本的政治权利。保障人民当家作主的人民民主制度，必须坚持与发展社会主义民主政治。人民民主专政的本质是人民当家作主。

在我国，人民民主专政的国体是由人民代表大会制度的政体来保障的。《宪法》规定："中华人民共和国全国人民代表大会是最高国家权力机关。"为了使全国人民代表大会成为真正的最高国家权力机关，《宪法》对全国人民代表大会制度作出了各种专门规定。在规定"中华人民共和国全国人民代表大会是最高国家权力机关"之后，又紧接着规定："它的常设机关是全国人民代表大会常务委员会。"

在党的十九大报告中，习近平指出："必须坚持中国特色社会主义政治发展道路，坚持和完善人民代表大会制度、中国共产党领导的多党合作和政治协商制度、民族区域自治制度、基层群众自治制度，巩固和发展最广泛的爱国统一战线，发展社会主义协商民主，健全民主制度，丰富民主形式，拓宽民主渠道，保证人民当家作主落实到国家政治生活和社会生活之中。"[1]

人民当家作主是社会主义民主政治的本质和核心。如何确保人民当家作主真正落实到国家政治生活和社会生活之中，是关系全局、长远的重大理论和现实问题。习近平指出："我国社会主义民主是维护

---

[1] 习近平：《决胜全面建成小康社会　夺取新时代中国特色社会主义伟大胜利——在中国共产党第十九次全国代表大会上的报告》，人民出版社，2017，第22页。

人民根本利益的最广泛、最真实、最管用的民主。发展社会主义民主政治就是要体现人民意志、保障人民权益、激发人民创造活力，用制度体系保证人民当家作主。"①

中国共产党领导是中国特色社会主义最本质的特征，也是我国政治安全的重要内容。党的十八大以来，以习近平同志为核心的党中央顺应时代发展，从理论和实践结合上系统回答了新时代坚持和发展什么样的中国特色社会主义、怎样坚持和发展中国特色社会主义这个重大时代课题，创立了习近平新时代中国特色社会主义思想。在习近平新时代中国特色社会主义思想的指导下，中国共产党领导全国各族人民，统揽伟大斗争、伟大工程、伟大事业、伟大梦想，推动中国特色社会主义进入了新时代。

马克思主义是中国共产党的指导思想，也是中华人民共和国的主流意识形态。要从根本上维护我们国家的政治安全，就必须在意识形态上坚持马克思主义的主导地位。创立于 19 世纪 40 年代的马克思主义，由辩证唯物主义和历史唯物主义哲学、以剩余价值学说为核心的政治经济学，以及奠定在历史唯物主义和剩余价值学说基础上的科学社会主义三大部分组成。

习近平新时代中国特色社会主义思想是马克思主义中国化最新成果，是当代中国的马克思主义、二十一世纪马克思主义，是党和人民实践经验和集体智慧的结晶，是中国特色社会主义理论体系的重要组成部分，是全党全国各族人民为实现中华民族伟大复兴而奋斗的行动指南。

马克思列宁主义、毛泽东思想、邓小平理论、"三个代表"重要

———————————

① 习近平：《决胜全面建成小康社会　夺取新时代中国特色社会主义伟大胜利——在中国共产党第十九次全国代表大会上的报告》，人民出版社，2017，第 35~36 页。

思想、科学发展观和习近平新时代中国特色社会主义思想，是社会主义中国的主流意识形态，是我们国家政治安全的重要内容。马克思主义指导地位的削弱和动摇，必然会给我国社会主义上层建筑的巩固带来严重影响，使整个中国特色社会主义事业发展的思想基础遭到破坏，从而破坏我们国家的政治安全。要确保国家政治安全，必须进一步巩固马克思主义在意识形态领域的指导地位。

3. 以经济安全为基础，为国家安全提供坚实的物质保障

"经济基础"是马克思主义的一个基本概念，"经济基础决定上层建筑"是马克思主义的基本原理。把马克思主义这一原理运用到国家安全领域，必然得出经济安全是整个国家安全的基础的结论。习近平首次提出总体国家安全观，要求走中国特色国家安全道路时，在强调国家安全要"以人民安全为宗旨"和"以政治安全为根本"之后，紧接着强调的就是国家安全要"以经济安全为基础"①。

我国经济安全涉及的内容非常多，但最基本的是要维护公有制为主体、多种所有制经济共同发展的基本经济制度。社会主义的经济基础是公有制，但在社会主义初级阶段还需要其他非公有制经济作为补充，这是当前我国的基本经济制度。在社会主义初级阶段维护国家经济安全，首先就要维护以公有制为主体、多种所有制经济共同发展的基本经济制度。

《宪法》总纲第六条规定："中华人民共和国的社会主义经济制度的基础是生产资料的社会主义公有制，即全民所有制和劳动群众集体所有制。社会主义公有制消灭人剥削人的制度，实行各尽所能、按劳分配的原则。国家在社会主义初级阶段，坚持公有制为主体、多种

---

① 《习近平关于总体国家安全观论述摘编》，中央文献出版社，2018，第4页。

所有制经济共同发展的基本经济制度，坚持按劳分配为主体、多种分配方式并存的分配制度。"

《宪法》第七条和第八条，进一步规定了公有制的具体形式："国有经济，即社会主义全民所有制经济，是国民经济中的主导力量。国家保障国有经济的巩固和发展。""农村集体经济组织实行家庭承包经营为基础、统分结合的双层经营体制。农村中的生产、供销、信用、消费等各种形式的合作经济，是社会主义劳动群众集体所有制经济。参加农村集体经济组织的劳动者，有权在法律规定的范围内经营自留地、自留山、家庭副业和饲养自留畜。城镇中的手工业、工业、建筑业、运输业、商业、服务业等行业的各种形式的合作经济，都是社会主义劳动群众集体所有制经济。国家保护城乡集体经济组织的合法的权利和利益，鼓励、指导和帮助集体经济的发展。"

坚持公有制为主体的同时，各种法律规定范围内的非公有制经济，同样得到《宪法》的保护。《宪法》总纲第十一条规定："在法律规定范围内的个体经济、私营经济等非公有制经济，是社会主义市场经济的重要组成部分。国家保护个体经济、私营经济等非公有制经济的合法的权利和利益。国家鼓励、支持和引导非公有制经济的发展，并对非公有制经济依法实行监督和管理。"

在党的十九大报告中，习近平指出："必须坚持和完善我国社会主义基本经济制度和分配制度，毫不动摇巩固和发展公有制经济，毫不动摇鼓励、支持、引导非公有制经济发展。"[①] 公有制为主体既是社会主义国家显著的政治特征，也是社会主义国家最显著的经济特征。维护国家政治安全必须维护以公有制为主体的社会主义制度，维

① 习近平：《决胜全面建成小康社会　夺取新时代中国特色社会主义伟大胜利——在中国共产党第十九次全国代表大会上的报告》，人民出版社，2017，第21页。

护国家经济安全，首先就要维护以公有制为主体的社会主义经济制度。

在维护公有制为主体、多种所有制经济共同发展的基本经济制度的同时，我国当前的国家经济安全，要求进一步搞好社会主义市场经济，保持经济健康稳健的发展。在提出总体国家安全观时，习近平对安全与发展的关系作了深刻论述，指出"发展是安全的基础，安全是发展的条件"①。安全与发展的这种关系，在经济领域表现得更为明显。

当今世界，科技进步日新月异，经济发展你追我赶，没有一定速度的经济发展，经济安全乃至整个国家安全都只会是落后的安全，而落后的安全到头来只能是不安全，是经济危机、社会危机和政治危机，是整个国家的不安全。因此，为了经济安全及整个国家安全，必须牢牢抓住发展这个硬道理，努力保持经济不断向前发展。在我国社会主义建设的新时期，要发展经济，必须走社会主义市场经济的道路，发挥社会主义市场经济的优势，克服市场经济的弱点。

从过去的计划经济到市场经济的转变，是我国改革开放的一项重大成果。1992 年 10 月，党的十四大明确提出我国经济体制改革的目标是建立社会主义市场经济体制。之后，党的十四届三中全会通过的《中共中央关于建立社会主义市场经济体制若干问题的决定》进一步明确了社会主义市场经济体制改革的主要内容。1993 年 3 月的宪法修正案，把"国家在社会主义公有制基础上实行计划经济"，修改为"国家实行社会主义市场经济"。从此，"实行社会主义市场经济"成为《宪法》确立的社会主义基本经济制度的重要内容，也成为保障

① 《习近平关于社会主义社会建设论述摘编》，中央文献出版社，2017，第 171 页。

我国经济迅速健康发展的重要条件。

2017 年 10 月，习近平在党的十九大报告中，再次重申要"坚持社会主义市场经济改革方向"，"加快完善社会主义市场经济体制"①。同时，党的十九大报告还进一步指出："我国经济已由高速增长阶段转向高质量发展阶段，正处在转变发展方式、优化经济结构、转换增长动力的攻关期，建设现代化经济体系是跨越关口的迫切要求和我国发展的战略目标。"②

当前维护国家经济安全，还需要强化风险意识，着力防范化解经济领域的重大风险。2019 年 1 月 21 日，在省部级主要领导干部坚持底线思维着力防范化解重大风险专题研讨班开班式上，习近平发表重要讲话，强调："要深刻认识和准确把握外部环境的深刻变化和我国改革发展稳定面临的新情况新问题新挑战，坚持底线思维，增强忧患意识，提高防控能力，着力防范化解重大风险，保持经济持续健康发展和社会大局稳定，为决胜全面建成小康社会、夺取新时代中国特色社会主义伟大胜利、实现中华民族伟大复兴的中国梦提供坚强保障。"③

习近平在讲话中就防范化解政治、意识形态、经济、科技、社会、外部环境、党的建设等领域的重大风险作出深刻分析、提出明确要求。他强调："面对波谲云诡的国际形势、复杂敏感的周边环境、艰巨繁重的改革发展稳定任务，我们必须始终保持高度警惕，既要高度警惕'黑天鹅'事件，也要防范'灰犀牛'事件；既要有

---

① 习近平：《决胜全面建成小康社会　夺取新时代中国特色社会主义伟大胜利——在中国共产党第十九次全国代表大会上的报告》，人民出版社，2017，第 33 页。
② 习近平：《决胜全面建成小康社会　夺取新时代中国特色社会主义伟大胜利——在中国共产党第十九次全国代表大会上的报告》，人民出版社，2017，第 30 页。
③ 《习近平谈治国理政》第 3 卷，外文出版社，2020，第 219 页。

防范风险的先手，也要有应对和化解风险挑战的高招；既要打好防范和抵御风险的有准备之战，也要打好化险为夷、转危为机的战略主动战。"①

对当前的经济形势和经济领域的风险，习近平作了具体而深刻的分析，指出："当前我国经济形势总体是好的，但经济发展面临的国际环境和国内条件都在发生深刻而复杂的变化，推进供给侧结构性改革过程中不可避免会遇到一些困难和挑战，经济运行稳中有变、变中有忧，我们既要保持战略定力，推动我国经济发展沿着正确方向前进；又要增强忧患意识，未雨绸缪，精准研判、妥善应对经济领域可能出现的重大风险。各地区各部门要平衡好稳增长和防风险的关系，把握好节奏和力度。要稳妥实施房地产市场平稳健康发展长效机制方案。要加强市场心理分析，做好政策出台对金融市场影响的评估，善于引导预期。要加强市场监测，加强监管协调，及时消除隐患。要切实解决中小微企业融资难融资贵问题，加大援企稳岗力度，落实好就业优先政策。要加大力度妥善处理'僵尸企业'处置中启动难、实施难、人员安置难等问题，加快推动市场出清，释放大量沉淀资源。各地区各部门要采取有效措施，做好稳就业、稳金融、稳外贸、稳外资、稳投资、稳预期工作，保持经济运行在合理区间。"②

4. 军事安全及其保障作用

自从有了国家，就有了以保卫国家为职责的军队，同时也就有了与军队及其活动相关的军事及军事安全问题。军队是为了保卫国家和国家安全而产生和存在的，是保卫国家和国家安全的武装力量。军事是为了实现军队保卫国家和国家安全的任务而展开的各方面行动和事

---

① 《习近平谈治国理政》第 3 卷，外文出版社，2020，第 219~220 页。
② 《习近平谈治国理政》第 3 卷，外文出版社，2020，第 220~221 页。

务，是国家和国家安全的武力保障。军事安全是军队及其相关事务的安全，是军队及其相关要素、相关活动、相关事务不受威胁和危害的客观状态，其目的是更好地开展军事活动，实现军队保障国家和国家安全的任务。军事和军事安全都是伴随着国家的出现而出现的，是国家和国家安全自古以来就存在的原生要素。然而无论是把军事和军事安全置于头等重要地位的古代，还是在军事和军事安全被认定为是国家安全保障手段的今天，军事和军事安全从来都不是国家和国家安全的目的，而是维护国家安全的手段。

在传统的国家安全事务和国家安全观念中，军事和军事安全被置于头等重要的地位，军队常常被异化为维护统治者统治地位的武装力量，而不是真正用来维护国家和国民的安全和利益，反而成为镇压普通国民的暴力工具和反动势力。与此不同，在社会主义中国，军队属于人民，是维护全国人民利益和安全的武装力量。《宪法》总纲第二十九条明确规定："中华人民共和国的武装力量属于人民。它的任务是巩固国防，抵抗侵略，保卫祖国，保卫人民的和平劳动，参加国家建设事业，努力为人民服务。国家加强武装力量的革命化、现代化、正规化的建设，增强国防力量。"

我国《宪法》还规定："中华人民共和国中央军事委员会领导全国武装力量。""中央军事委员会实行主席负责制。""中央军事委员会主席对全国人民代表大会和全国人民代表大会常务委员会负责。"

为了维护国家安全，保障军队在维护国家安全时能够有效发挥作用，很好地完成任务，就必须保障军事安全。当前，军事安全的内容非常广泛，包括军队安全、军人安全、军纪安全、军备安全、军事设施安全、军事秘密安全、军事信息安全、军事工业安全、军事活动安全等方面。

军事是保障国家安全的武装力量，军事安全是保证国家武装力量能够充分有效发挥保障国家安全之作用的基本前提。任何时候任何情况下，都不能忽略军事斗争的重要性，因而也都不能忽略军事安全的重要性。对此，习近平指出："虽然维护国家安全的手段和选择增多了，我们可以灵活运用、纵横捭阖，但千万不能忘记，军事手段始终是保底的手段。"① 如果国家没有一定的军事实力作后盾，在国际上可能会受制于人，在激烈的国际竞争中就不能成为一个独立富强的国家。

5. 文化安全及其保障作用

文化安全是国家安全发展到一定阶段才出现的安全问题，是国家安全的派生要素。就像任何人和人群都有自己的特殊文化一样，任何国家也都有自己的特殊文化。这些特殊文化是一个国家区别于另一个国家的极为重要的标志。文化特殊性的存在，既使不同人群和不同个体之间的文化交流和文化包容成为必要，也使他们之间不同程度的文化矛盾和文化冲突成为必然。只有在文化差异中，才会产生文化安全问题；也只有在不同国家的文化差异之中，才会形成国家文化安全问题。国家文化安全问题，就存在于各国之间的特殊文化所造成的文化差异之中。

不同国家之间的文化差异虽然是国家文化安全形成的前提条件，但由于古代世界不同文明板块之间缺乏频繁的交往，不同文化体系之间的冲突不甚明显，文化安全并没有成为国家安全的要素之一。国家文化安全问题的真正出现和突出表现，只有到了近代资本主义世界市场形成以后，特别是在西方列强对东方国家实行殖民侵略政策、东西

---

① 《习近平关于总体国家安全观论述摘编》，中央文献出版社，2018，第52页。

文明冲突日趋激烈的情况下才逐渐成为现实。近代以来，一些发达的资本主义国家凭借其先进的生产力和强大的经济基础、政治军事优势，不仅对相对落后的国家进行军事侵略和政治压迫，而且同时也进行文化渗透，搞文化霸权，国家文化安全问题由此变得更为突出和明显，也由此成为国家安全的一个构成要素。

在总体国家安全观把文化安全作为国家安全的构成要素和保障力量后，我国的国家安全法律、国家安全战略、国家安全规划、国家安全宣传教育，广泛涉及文化安全问题。例如，2015 年 7 月 1 日颁布实施的《国家安全法》，不仅在强调"国家安全工作应当坚持总体国家安全观"时直接使用了"以军事、文化和社会安全为保障"的提法，而且在"维护国家安全的任务"一章中规定："国家坚持社会主义先进文化前进方向，继承和弘扬中华民族优秀传统文化，培育和践行社会主义核心价值观，防范和抵制不良文化的影响，掌握意识形态领域主导权，增强文化整体实力和竞争力。"

如同国家安全领域的"社会"是狭义社会一样，国家安全领域的"文化"也是狭义文化，其区别于政治、军事、经济、科技等物质性和制度性社会存在及其现象，是精神性的社会存在和现象。因此，国家文化安全就是一个国家的精神性社会存在及现象不受内外威胁和危害的客观状态，主要包括语言文字安全、风俗习惯安全、价值观念安全、生活方式安全、意识形态安全、文化遗产安全六方面内容。

文化安全的这六个方面，虽然都包括一定的历史继承性，但其主体在当代现实生活中依然呈活性状态，因而主要是"活文化"的安全。与此不同，文化遗产安全虽然包括在人们努力下依然存活或者被人为复活的过往文化的安全，但主要还是一种过去普遍存在而今面临消失或者已经消失的"死文化"的安全。文物安全是文化遗产安全中的重要内容。文化遗产安全，并非把在当代文化体系和社会生活中不占主导地位的过往文化全盘复活并让其重现昔日辉煌，而是通过不同形式把它们作为民族记忆呈现给当代国民，以提升国民的民族自豪感、自信心。这种呈现形式有博物馆收藏与展出、研究人员撰著书籍进行研究与介绍、电影电视等多媒体的记录与播放、影像记录与保存等。

为了保障国家文化安全，必须关注和重视各种影响文化安全的因素，以及各种危害文化安全的因素。影响国家文化安全的因素就是那些对国家文化安全既可能产生积极的正面影响，也可能产生消极的负面影响的因素，其中虽然包括某些自然因素，如气候因素对文物和文化遗产保护的影响，但主要指各种人为社会因素对国家文化安全的影响，如国家内部的文化政策、文化决策、文化教育、文化产业、文化投资等对国家文化安全的影响，以及国家外部的外来语言、外来宗教、外来图书、外来影视、异域风情等他国文化对国家文化安全的影响。多年来，学者们对这方面的各种问题进行了不同程度的研究，提出了一些具有建设性的对策建议。

危害国家文化安全的因素是那些对国家文化安全只有消极的负面作用的因素，其中虽然也包括某些自然因素，如洪水、地震、台风、天火等对文化遗产、文化产品、文化设施、知识分子、文化传人等的威胁和危害，但主要还是指内外战争、内外动乱、极端行为、宗教冲突、文化侵略、文化灭绝等各种人为社会因素对国家文化的危害、破坏、毁灭。近代以来西方殖民主义的全球扩张，在带来西方文化和西方文明的同时，却毁掉了当地的文化和文明。欧洲人来到美洲后，印第安文明和文化就不断被毁灭、蚕食，如今又在现代文明的冲击下濒于灭绝。

面对影响和危害国家文化安全的各种因素，人类社会和各国政府在不同时期都采取过一些措施来保障国家文化安全。时至今日，国家文化安全保障体系虽然在各国的完备程度各不相同，但重视本国文化安全，并采取措施保障本国文化安全，已经是世界各国的普遍做法，同时也是联合国积极推动的一项重要事业，世界文化遗产保护就是这项事业中的重要一环。为了加强对世界文化遗产的保护和管理，履行对《保护世界文化与自然遗产公约》的责任和义务，传承人类文明，我国在 2006 年就颁布实施了《世界文化遗产保护管理办法》，从而为保护我国境内被列入联合国教科文组织《世界遗产名录》的世界文化遗产和文化与自然混合遗产中的文化遗产部分提供了法律依据和支持。

就文化及文化安全对整个国家安全的影响来看，如果文化安全得到保障，文化安全度高，那么在其他要素不变的情况下，整个国家安全度也必然随之提高。如果文化安全得不到保障或保障不力，文化安全度降低，那么在其他要素不变的情况下，整个国家安全度则必然随之降低。如果不局限于文化安全，那么整个国家的文化水平和文化质量处于较高层次时，对国家安全度的提高将具有积极的有利作用，而国家的文化水平和文化质量处于较低层次时，则将对整个国家安全和国家安全的其他方面产生消极的不利影响。因此，为了保障整个国家的安全，我们需要搞好国家文化建设，提高国家文化安全度，从而为国家安全提供重要的精神力量和精神保障。

6. 社会安全及其保障作用

社会安全既是国家安全的基本要素，又是国家安全的重要保障。人是由动物演化而来的，但人与动物又有重要区别。动物只是自然的一环，是自然的存在，而人是具有社会性的存在。在没有国家之前，人是社会性存在；有了国家之后，人依然是社会性存在。但是，国家出现之后，社会概念就有了广义与狭义的区别。广义的社会包括国家的政治关系，包括政治社会，也包括一个国家中不同于政治关系和政治社会的民间社会。国家安全领域的社会是狭义的社会，社会安全就是在每个国家中都广泛存在的与政治相对脱离、相对独立的民间社会的安全，是民间社会不受威胁和侵害的状态。

社会安全是一个庞大复杂的体系，可以从不同角度来认识和分类。居民安全、民宅安全、家庭安全、族群安全、城镇安全、乡村社会、街巷安全、社区安全、校区安全、市场安全、旅行安全、交通安全等，都是社会安全问题。社会安全的这些不同方面，进一步还可以划分为下一等级的不同要素。例如，居民安全就可进一步分为居民人身安全、居民财产安全、居民名誉安全等要素，而居民的人身安全还可以继续划分为居民的饮食安全、居民的医疗安全、居民的家居安全、居民的出行安全、居民的游乐安全、居民的穿戴安全等。

社会安全的这些不同方面，有些看起来非常细小、非常微不足道，但如果某个方面出现问题，特别是这样的问题扩大和蔓延开来，不仅会使整个社会安全度降低，而且会使整个国家安全度降低。比如一个家庭，就牵扯到社会的方方面面。夫妻矛盾，家庭不和，就不只是夫妻二人的事情，其直接影响子女的养育，双方老人的安宁，还影响亲戚和朋友的关系，甚至影响到邻里关系和村社管理，处理不好还会转化为范围更广泛的社会矛盾，影响不同范围内的社会稳定和社会安全。

社会安全涉及的范围广、事情多，但最核心的还是人的安全。如同在整个国家安全中国民安全是国家安全的核心和国家安全工作的根本目的一样，在社会安全领域，居民安全就是核心，就是社会安全工作最终的根本目的。

在社会中，不同人的财产、收入、地位、年龄的差别，对他们生活的稳定与人身的安全影响很大。在穷人与富人之间，富人不用为他们明天的饭食操心，也不用为他们生病后住院就医的花费担忧，而穷人就需要为明天、为下个月、为今后的生活费用操心，更担心生病后无钱就医住院，因而一般情况下富人生活更稳定，安全感也更高，穷人生活相对就不那么稳定，安全感也不那么高。为此，政府和社会各界就需要搞好各方面的社会保障工作，为穷人、为普通人提供包括就业、医疗等在内的各种社会保障。

与少年儿童和年迈老人相比，成年人年轻力壮，能够更好地保护自身的安全，而少年儿童和年迈老人，由于体力、智力、能力等方面的问题，难以自食其力，难以凭借自己的力量保护自己，这也就需要政府通过法律、制度、政策和各种具体措施，为少年儿童和年迈老人提供更好的生活条件和安全保障。

在官与民之间，各级官员手握权柄，如果能够权为民所用，用手中的权力为人民群众办好事、办实事，造福百姓，造福社会，就能确保人民安康、社会稳定；如果权为己所用，以权谋私，以权害民，盘剥人民群众，压制人民群众，让人民群众不得安生，失去安全保障，这就必然造成社会不稳和动荡，损害社会安全和国家安全。因而，维护社会稳定，首先要保证官员不侵害普通民众的利益，杜绝官员借口公共利益、国家利益分割人民群众利益的行为。切实保障人民群众基本权利不受非法权利的侵害，是保障社会安全和整个国家安全的重要前提。

一个国家如果人人安居乐业，家家幸福安康，整个社会和谐安稳，国家安全就有了广泛的社会基础，就有了基本的社会保障。相反，如果一些人没有工作，流离失所，少无所养，老无所依，病无所医，灾无所救，祸无所避，整个社会动荡不安，国家安全就失去了社会基础和基本的社会保障，那这个国家也就难以存在，更难以持久。

在党的十九大报告中，习近平指出："中国特色社会主义进入新时代，我国社会主要矛盾已经转化为人民日益增长的美好生活需要和不平衡不充分的发展之间的矛盾。"① 因此，只有通过深化改革、平衡发展，不断满足人民群众物质文化生活及民主、法治、公平、正义、安全、环境等方面日益增长的需求，才能从根本上保障整个社会的和谐、稳定和安全。

二 国家安全的十一个基本要素

习近平 2014 年首次提出总体国家安全观时，总共涉及 12 个国家安全要素，即国民安全、政治安全、国土安全、军事安全、经济安全、文化安全、社会安全、科技安全、信息安全、生态安全、资源安全、核安全。其中，前 11 个要素是国家安全的基本要素，核安全是国家安全的次级要素。

1. 国家安全的基本要素与次级要素

在 2014 年首次提出总体国家安全观时，习近平就强调"既重视传统安全，又重视非传统安全"，要求"构建集政治安全、国土安全、军事安全、经济安全、文化安全、社会安全、科技安全、信息安

---

① 习近平：《决胜全面建成小康社会　夺取新时代中国特色社会主义伟大胜利——在中国共产党第十九次全国代表大会上的报告》，人民出版社，2017，第 11 页。

全、生态安全、资源安全、核安全等于一体的国家安全体系"①。这段话共包含了 11 个"安全",因而有人就断言总体国家安全观提出了"11 个安全要素"。然而事实上,习近平在首次提出总体国家安全观时讲到的"人民安全"或"国民安全",也是当代国家安全的要素。当然,"人民安全"和"国民安全"并不是国家安全的两个不同要素,而是同一个要素的两种不同表述。在"国家安全构成"论域中,"人民安全"与"国民安全"没有根本性区别,不仅必须视为同一要素,而且更准确更科学的用词应是"国民安全"。总体国家安全观的"总体",不仅需要包括这段话中的 11 个"安全",还必须容纳"国民安全"这个最重要的要素。因此,在首次提出总体国家安全观时,习近平就讲到了 12 个国家安全要素。

然而,要全面、深入、透彻、科学地理解总体国家安全观涉及的国家安全要素,也不能局限于习近平 2014 年首次提出总体国家安全观时的内容,而必须结合其关于国家安全的历次讲话来概括,必须结合中共中央和国务院关于国家安全的各种论述来认识,甚至必须结合当代国家安全学理论研究的最新成果来思考。

在 2012 年党的十八大报告中,讲到的"安全"就依次包括了食品安全、药品安全、信息安全、粮食安全、公共安全、企业安全、人民生命安全、人民财产安全、生态安全、能源安全、生存安全、发展安全、海洋安全、太空安全、网络空间安全、国际安全、军事安全、资源安全、网络安全。这 19 个"安全",多数是在报告中被直接表述为"××安全"的,如"信息安全""粮食安全""生态安全""网络安全""国际安全"等,也有一些是在某个复合概念中包含的"×

---

① 《习近平关于社会主义社会建设论述摘编》,中央文献出版社,2017,第 170~171 页。

×安全"，如原文中的"食品药品安全"一词包含了"食品安全"和"药品安全"，原文中的"海洋、太空、网络空间安全"一语包含了"海洋安全""太空安全""网络空间安全"。但无论原文中直接表述的"××安全"，还是我们根据复合语句解析出来的"××安全"，除了与习近平总书记这次讲话中的"12 种安全"一致的外，其他"安全"是不是国家安全的构成要素，是不是也应包括在"总体国家安全观"的"总体"之中，以及在这个"总体"中处于什么位置，与其他要素是什么关系，这都需要深入思考，需要国家安全学理论给出科学解答和合理解释。

事实上，在十多年来的国家安全学科建设和理论研究中，我们曾对其中的一些问题作过深入思考和研究，得出了一些有助于深入理解总体国家安全观的结论。例如，就"人民安全"和"国民安全"两个概念来说，虽然可以根据需要在不同语境中选择不同的表述，但从理论上看，用"国民安全"比"人民安全"更为科学。

对于"国土安全"，十多年前我们也是这么用的，但是现在我们倾向于使用更符合当代国家安全现实的"国域安全"这个概念。这是因为，当代国家的生存空间，已经超越了传统的领陆、领水、领空"三领"范围，也不局限于"三领"加上"底土"这样四个方面，而是还包括了与传统领土概念完全不同的网络空间、太空空间，以及更特殊的专属经济区。这样一来，国家安全的空间范围就包括了七个领域，即传统"国土安全"包括的领陆安全、领水安全、领空安全、底土安全，以及非传统的网域安全、天域安全、经济海域安全。

"核安全"不是与国民安全、国域安全、政治安全等处于同一个等级的安全要素，而是一个国家安全的二级构成要素或三级构成要素，分别处于资源安全、军事安全、科技安全之下。首先，核作为一种自然资源，作为一种能源，它的安全是资源安全下的能源安全中的一种特殊能源安全。其次，核武器作为一种现代军事装备，它的安全又是军事安全所必然包括的内容，是军事安全下的二级安全要素。最后，核技术作为一种现代科学技术，它的安全也是科技安全的内容，具体属于"科技应用安全"的范畴，这便成为科技安全中的三级安全要素了。

因此，总体国家安全观中的国家安全要素，有两个不同层次，一是基本要素的层次，二是次级要素的层次。在习近平首次提出总体国家安全观时讲到的 12 个要素中，前 11 个要素是国家安全的基本要素，最后的"核安全"则是国家安全的次级要素。在此，我们先讨论国家安全的 11 个基本要素，后面再讨论"核安全"及习近平后来提到的其他一些国家安全的次级要素。在习近平提到的国家安全 11 个基本要素中，国民安全、政治安全、经济安全、军事安全、文化安全、社会安全 6 个要素在讨论"以人民安全为宗旨的中国特色国家安全道路"时已经论及，下面讨论其余 5 个要素，即国土安全、科技安全、信息安全、生态安全、资源安全。

2. 国土安全

在政治学理论中，国家的存在必须有几个基本要素，其中第一个要素是人口，第二个要素是领土。虽然人口和土地不能决定一个社会集团是不是国家，却是决定国家能不能出现、能不能存在的前提。与此相应，在国家安全体系中，国家安全的第一要素是国民，第二要素便是国土。国土是国家生存发展的基本空间，国土安全就是国家生存发展空间的安全。

一个国家要生存和发展，需要一定的生存空间和发展空间。在科学技术不断进步的当下，国家及整个人类的生存发展空间也在不断拓展。在国家发展和演进的历史进程中，由于航海技术、航空技术、钻探技术等的发展，国家生存空间逐渐从陆地扩展到了海洋、天空、底土等领域，从而使国土安全除领陆安全外，还包括了领海安全、领空安全和底土安全。因此，国土安全就是国家的领陆、领海、领空、底土的不被兼并、不被分割、不被占领、不被分裂、不受侵害、不受威胁的状态，具体包括领陆安全、领海安全、领空安全和底土安全四个部分。

国土安全是国家安全的传统构成要素，但历史发展到今天，国家的生存空间除了传统的领陆、领海、领空、底土外，还出现了专属经济区、外太空、电磁空间、网络空间以及深海、深空等领域。这些空间领域，已经超越了传统国土的范围，是"领土"和"国土"等概念所容纳不下的，已经成为人类生存和发展以及国家生存和发展的非传统空间，它们的安全也已经成为非传统的国家空间安全问题。国家生存与发展空间在当代拓展，经济海域安全、天域安全、磁域安全、网域安全等，已经成为当前国家生存发展空间安全的重要组成部分，因而已经不宜再用"领土"或"国土"这样的语词概括国家生存发展空间，不宜再用"领土安全"或"国土安全"来概括国家生存发展空间的安全问题，而需要用"领域"或"国域"取代"领土"和"国土"，用"国域安全"取代"国土安全"概念，从而把经济海域、天域、磁域、网域等国家生存发展的新型空间领域概括进来，并把传统的领陆、领水、领空、底土等语词改造为陆域、水域、空域、底域等新表述，形成包括陆域、水域、空域、底域、天域、磁域、网域七个领域的"国域安全"新概念。在这种七域一体的国域安全概念中，"经济海域"和最近人们常说的"深海"都是"水域"的组成部分，"经济海域安全"和"深海安全"都是"水域安全"包含的国家安全次级要素，具体来说是国家安全的四级要素（国域安全是一级要素，水域安全是二级要素，海域安全是三级要素，其中的经济海域安全和深海安全就是四级要素）。

国域安全就是国家的陆域、水域、空域、底域、天域、磁域、网域等生存发展空间不受分割与威胁的状态，具体由陆域安全、水域安全、空域安全、底域安全、天域安全、磁域安全、网域安全七个方面构成。

国家陆域即领陆，是国家疆界以内的全部陆地，包括大陆和岛屿两大部分。因此，陆域安全即领陆安全，就是国家大陆和海岛不受威胁与侵害的状态，包括大陆安全和岛屿安全两个部分。如果说陆域是国土及整个国域最基本的组成部分，那么陆域安全便是国土安全及整个国域安全最基本的构成要素。一个国家可以没有海洋、河流、湖泊，也可以不占有任何天域、磁域和网域，但不能没有陆地。没有陆地，国家就没了立足之地。同时，陆域还是确定一个国家的水域、空域、底域等传统生存空间的根基。陆域面积的大小，直接决定着一个国家空域、底域面积的大小；陆域上河湖分布状态及海岸线有无及长短，则决定着界河、跨境河流及海域的状态及面积大小。按照现代国际法规定，国家对其陆域行使完全的主权。未经本国同意，他国或国际组织的人员、船舶、航空器等都不得进入一国陆域。除国际法规定享有豁免外，一国对其陆域范围内的一切人、物和事件行使管辖权。

国家水域是一国具有主权和处于一国管辖之下的所有江河湖海的总和，既包括内水、邻水和领海等传统的领水，又包括非传统的专属经济区（又称经济海域）。水域安全就是国家内水、邻水、领海（包括深海）及经济海域等不受威胁和侵害的状态，包括内水安全、邻水安全、领海安全和经济海域安全四个组成部分。内水是国家领陆内以及领海基线向陆一侧的水域，包括河流、湖泊、内海、封闭性海湾、港口和泊船处等。传统的"内水"概念主要指一国陆域内的江河湖海，而 1982 年《联合国海洋法公约》扩展了传统"内水"概念，称"领海基线向陆一侧的水域构成国家内水的一部分"，这也称作"内海水"。邻水是与他国相邻而本国具有主权或管辖权的水域，既包括界河和跨境河流的相应水域，也包括跨境湖泊水域，还包括邻海水域。领海是沿海国主权管辖下与其海岸或内水相邻的一定宽度的海域。领海的上空、海床和底土，均属沿海国主权管辖。经济海域即专属经济区，是国际公法中为解决国家或地区之间的领海争端而提出的一个区域概念，具体是指领海以外并邻接领海的一个区域，从测算领海宽度的基线量起不应超过二百海里（370.4 公里）。《中华人民共和国专属经济区和大陆架法》规定："中华人民共和国的专属经济区，为中华人民共和国领海以外并邻接领海的区域，从测算领海宽度的基线量起延至二百海里。""中华人民共和国与海岸相邻或者相向国家关于专属经济区和大陆架的主张重叠的，在国际法的基础上按照公平原则以协议划定界限。"

国家空域是一国领陆、领水上空的空气空间等领空与一国具有某种管辖权、监管权、使用权的其他空气空间的总和。空域安全就是国家领空与国家具有某种管辖权、监管权、使用权之空气空间不受侵害和威胁的状态，既包括领空这一传统空域的安全，也包括经济海域上空、防空识别区等非传统空域的安全。领空是主权国家领陆和领水上空的空气空间，通常指领陆和领海垂直向上 100 公里之内的空间。领空是国家空域最主要的组成部分，也是整个国家领土和国域的重要组成部分。《巴黎航空公约》和《国际民用航空公约》规定，国家对其领土上空的空气空间享有绝对主权。领空安全属于国家安全的传统要素。至于一个国家具有某种管辖权、监管权、使用权的空域，包括经济海域上空、防空识别区等非传统空域，虽然与传统的主权空域有不同程度的区别，但它们的安全同样是国家安全的构成要素，因而需要纳入"空域安全"中予以考虑和研究。

国家底域亦称底土、地下领土，是国家陆域和水域之下的空间和土石层，既包括陆域之下的空间和土石层，也包括水域之下的水床及土石层，还包括国家领海之外的大陆架。大陆架一般指邻接一国海岸但在领海以外的一定区域的海床和底土。因此，底域安全就是国家陆域和水域之下的空间、水床、土石层及国家领海之外大陆架的不受侵害和威胁的状态。国家对底土资源拥有主权，对在底土上进行的开发和利用事业行使完全的管辖权。《中华人民共和国专属经济区和大陆架法》规定："中华人民共和国的大陆架，为中华人民共和国领海以外依本国陆地领土的全部自然延伸，扩展到大陆边外缘的海底区域的海床和底土；如果从测算领海宽度的基线量起至大陆边外缘的距离不足二百海里，则扩展至二百海里。"

在陆域安全、水域安全、空域安全和底域安全四个要素中，虽然包含了经济海域安全、大陆架安全等一些非传统安全要素，但它们总体上都是传统安全要素，因而比较容易界定。与此不同，天域安全、磁域安全和网域安全，则完全是非传统安全要素，是国家安全研究中遇到的新问题，当前界定起来还比较困难，这里只能做些简单说明。所谓天域，就是外太空、太空，指的是地球稠密大气层之外的空间区域，国际航空联合会定义在 100 公里高度为卡门线，即现行大气层和太空的界线。所谓天域安全是指外太空领域的安全，主要是指一个国家航天器及其运行空间不受侵害和威胁的状态。

虽然外太空目前属于公用空间，外太空本身安全类似于公海安全和国家领空之外其他公共空气空间的安全，而不同于国家的领海安全、领空安全，但国家空间飞行器在外太空的安全属于国家安全，因而外太空本身的安全也就与国家安全具有重要关联，需要在国家安全学理论中进行深入探讨。

所谓磁域，指的是无线电磁领域，磁域安全就是国家无线电磁领域不受侵害和威胁的状态。由于国家的各种无线通信和无线信息传递的安全是国家安全的构成要素，这就使无线磁域安全成为当代国家空间安全面临的一个新问题。

比起天域安全和磁域安全，网域安全则更为当代人所熟知。所谓网域就是以信息传送为目的的网络空间领域，所谓网域安全亦称网络空间安全，就是以信息传播为目的的网络空间不受侵害和威胁的状态。

虽然国土安全已经扩展到了各种非传统的国域安全领域，但传统的国土安全依然是国家生存发展空间安全最基本的内容。当前，我国面临着深海、深空及电磁、网络等新型空间安全问题，但更重要的依然是传统的国土安全问题。面对我国国土安全面临的种种威胁，党中央坚定不移地把捍卫我国领土安全作为国家的核心利益。

3. 科技安全

科技安全虽然具有丰富的具体内容，但从特有属性上来说，科技安全就是科学技术研究、发展及其成果不受侵害，其基础是科技研究与科技发展的保障，核心是特有科技秘密的不被窃取、不被泄露，也就是特有科技秘密的独占。国家科技安全是一般科技安全在国家安全领域的延伸，是与国家安全和利益具有不同程度密切关系的科技成果、科技研究、科技发展不受威胁与侵害的客观状态。

国家科技安全通常包括科技成果安全、科技人员安全、科技产品安全、科技设施安全、科技活动安全、科技应用安全等方面。古人发明各种技术，"好奇心"起了重要作用，但推动技术发明发展的根本动力，还是生产的需要、军事的需要及其他方面的实用性需要，而且这些技术发明之后，也主动地或被动地、自觉地或不自觉地被运用到了包括生产劳动、改善生活等方面，同时也被运用到包括公开的军事战争和隐蔽的情报工作在内的各种维护国家安全的活动中。例如，制铜技术出现以后，就被用来制造各种兵器以为战争服务。再如，人类发明了信鸽驯养技术后，便开始利用鸽子传递情报，使这些技术在维护国家安全的军事活动、政治活动和情报活动中发挥了独特的作用。但是，在整个古代农业社会中，技术的作用还没有充分显现出来，还没有上升到"第一生产力""第一战斗力"的地位。

现代科学出现之后，技术开始建立在科学的基础上，并且在科学的基础上得到前所未有的迅速发展。一方面，技术的需要推动着科学理论的发展；另一方面，科学理论的创造又推动了技术的迅速革新，使社会生产力得到了极大的发展。同时，在科学基础上迅速发展的技术被广泛地运用到维护国家安全的各种活动中，运用到公开的军事战争中，运用到隐蔽的情报斗争中。工业革命中出现的蒸汽机技术，被迅速地运用到军舰和战车上。核裂变技术一经被人们掌握，首先就被运用到世界大战之中。无线电报技术一经出现，便与新的密码技术相结合，在间谍情报活动中发挥了重要作用。

第二次世界大战后，全世界发生了新的技术革命，各种高新技术被不断发明创造出来，其中不少新技术就是由于战争或情报活动的需要而催生出来的。现在广泛运用于社会各个领域的计算机技术有些在第二次世界大战中就已出现，一个直接原因就是战争中需要准确而迅速地计算出炮弹的轨迹。现代密码技术、照相技术、录音技术、通信技术等的出现和发展，也都或多或少地与间谍情报活动的需要相关，并被各国广泛地运用到间谍情报活动之中。现代科学技术不仅大多都被运用于不同的军事目的，而且许多就是专门的军事技术。对于现代世界上的任何一个国家来说，无论它是发达的西方国家，还是落后的第三世界国家，如果离开了现代科学技术，也就没有了它的国防，没有了它的军队，没有了它的间谍情报活动。如果说国防和情报活动是维护国家安全的两条重要战线，那么现代科学技术便是这两条战线上的第一战斗力。没有现代科学技术，就没有现代的国防和现代间谍情报斗争，国家也就失去了最起码的安全保障。

当然，科学技术对国家安全的重要作用并不仅仅表现在武装国防和间谍情报斗争上，更重要地还表现在促进经济的发展和综合国力的提高上。国家是否安全以及安全程度的高低，从根本上讲主要还是取决于以经济实力为基础的综合国力的强弱。以经济实力为基础的综合国力越强，国家也就越安全。这就需要发展经济，提高综合国力。"发展才是硬道理"，只有与时代需要相适应的发展，才是国家安全的根本保障。国家只有发展了，它才安全；国家越发展，它也就越安全。然而，国家要发展经济，要提高综合国力，在现今必须依靠科学技术。"科学技术是第一生产力。"科技发展是经济发展的基础，是综合国力提高的前提。科学技术通过促进生产力的发展和综合国力的提高，成为保障国家安全的重要条件和手段。

由于科学技术在包括国家安全在内的整个社会体系中所处地位日益提升、作用日益扩大，科技安全不仅已经成为国家安全系统中相对独立的重要子系统之一，而且在整个国家安全系统中处于牵一发而动全身的关键地位。

由于科学技术对社会各领域的发展方向、速度、水平等具有决定性作用，科技安全因而就不仅仅是贯穿于国家安全各个方面，而且进一步对整个国家安全及其各个方面都起着决定性作用。科技发展对整个社会各个领域具有决定性的作用，从而使科技安全成为关系到整个国家安全及其所包括的经济安全、政治安全、军事安全、生态安全、信息安全、文化安全等方面的关键要素，对经济、军事、政治、生态、文化甚至人们的日常生活产生越来越大的影响和作用。科技的发展方向、速度、水平，直接或间接地影响甚至决定着国家的经济、军事、政治、生态、文化等方面，科技的安全也就直接或间接地影响着国家安全及经济安全、军事安全、政治安全、生态安全、文化安全。科技安全水平的高低，直接或间接地影响着国家安全及其包含的经济安全、军事安全、政治安全等方面的安全度的高低。在人类掌握核技术并制造出核武器，接着又进一步得到和平运用之后，核技术安全就成为既关系到国家军事安全、政治安全，又关系到国家经济安全、生态安全的关键。在人类进入信息时代的今天，信息技术的安全度，则直接决定着信息内容和信息传播的安全度，在国家信息安全中起着决定性的作用。同时，由于信息技术在经济、军事、政治、文化等领域的广泛运用，信息技术的安全也便成为关系到经济安全、军事安全、政治安全、文化安全的关键环节。

科技安全不仅是国家安全的关键环节，而且对科技乃至整个社会的发展都起着决定性作用。首先，科技安全是推动科技发展、保持先进科技的领先地位、在落后领域追赶先进的基本保障。其次，由于科学技术是第一生产力，科技对经济发展方向、速度、水平等起着决定性作用，因而科技安全也就对经济发展（进而包括军事、政治、文化等方面的发展）具有决定性作用。科技安全程度高，科技发展保障程度就高，科技也就能够进一步充分发挥作用，促进整个社会的发展和进步。相反，科技安全程度低，科技发展就会受到影响，并最终影响到整个社会的发展和进步。在此，我们必须注意，"科技的作用""科技安全的作用""科技安全对国家安全的作用""科技安全的社会作用"等概念之间虽然具有不可分割的密切联系，但它们又是具有不同内涵和不同外延的不同概念，不能混为一谈。

由于科技安全在整个国家安全中的地位日益突出，科技安全对综合国力的提高，对社会的进步与发展，都发挥着越来越重要的作用，所以当今各国都特别重视其科技安全，千方百计维护其科学技术的安全。包括美国在内的一些西方国家虽然常说"科学无国界"，但对于其先进的科学技术却严密把关，经常运用包括联邦调查局、中央情报局在内的各种机构调查科技泄密事件。

随着科技在社会生活和国家安全中地位的日益提升，我国科技人员和广大群众也都具备了一些基本的科技安全意识。但是从总体上和国家安全的要求来看，我国的科技安全意识不强，常常使我们的一些先进技术或独特的传统工艺被他人窃取，流出国门，从而给我国造成巨大的损失。这都需要加以认真总结，要求我们高度重视科技安全问题，需要我们采取有力措施切实维护我国的科技安全。

目前，我国科技整体水平与发达国家相比尚有差距，特别是"卡脖子"的核心技术亟待突破，知识产权有关的安全问题日渐突出。党的十八大以来，以习近平同志为核心的党中央坚持以深化改革激发创新活力，科技体制改革全面发力、多点突破、纵深发展，其涉及范围之广、出台方案之多、触及利益之深、推进力度之大，前所未有。2013 年 3 月 4 日习近平在参加全国政协十二届一次会议科协、科技界委员联组讨论时指出："只有把核心技术掌握在自己手中，才能真正掌握竞争和发展的主动权，才能从根本上保障国家经济安全、国防安全和其他安全。"①

深入实施创新驱动发展战略。创新是强化现代化经济体系的战略支撑。2015 年 5 月 8 日国务院印发了《中国制造 2025》，涉及新一代信息技术产业、高档数控机床和机器人等十个领域，为中国制造业未来 10 年设计顶层规划和路线图。国家启动国家技术创新中心建设，启动实施创新企业百强工程试点。加快推动产业技术创新联盟培育，搭建开放协作平台。华为、联想、中国中车、中国电科等一批创新型企业进入世界企业 500 强。在高速铁路、智能终端等领域，我国崛起了一批具有全球影响力的创新型企业。华为等企业利用自主创新技术，顶住了美国等一些发达国家的打压。

构建国家级重大创新的策源地，着眼于打造国家战略科技力量，启动国家实验室建设。重大科技基础设施建设加快推进，打造科技创新"国之重器"。

推进国家战略科技力量建设，发挥制度优势，集中力量办大事，重大科技创新成果不断涌现。我国在量子通信、光量子计算机、高温超导、中微子振荡、干细胞、合成生物学、结构生物学、纳米催化、极地研究等领域取得了一大批重大原创成果，并首次荣获诺贝尔生理学或医学奖、国际超导大会马蒂亚斯奖、国际量子通信奖等国际权威奖项，在基础研究领域的国际影响力大幅跃升。战略高技术捷报频传，载人航天和探月工程、采用自主研发芯片的超算系统"神威·太湖之光"、国产首架大飞机 C919、蛟龙号载人深潜器、自主研发的核能技术、天然气水合物勘查开发和新一代高铁、云计算、人工智能

---

① 《习近平关于社会主义社会建设论述摘编》，中央文献出版社，2017，第 174 页。

等成就举世瞩目。

4. 信息安全

信息安全是国家安全领域的一个全新要素，是对当代国家安全及其各个方面都具有广泛而深刻影响的关键要素。但是，国家安全领域的信息安全，范围大于当代信息技术领域中的信息安全，信息技术专业领域之外的信息安全，如古代已有的纸墨载体上的文字信息安全，以及近代化学技术创生的胶片载体上的图文影像信息安全，都是国家信息安全的内容。当前国家的信息安全，既包括信息技术领域的非传统信息安全，也包括信息技术领域之外的各种传统信息安全，是非传统信息安全与传统信息安全相统一的总体信息安全。

国家安全领域的总体信息安全，包括信息母体安全、信息内容安全、信息载体安全、信息流动安全、信息加工安全等不同层级的内容。其中，作为信息流动载体和通道的网络，其安全问题日益突出，成为当代信息安全最重要的方面。

当前，我国国家安全领域的信息安全，是与总体国家安全观相适应的总体信息安全。在总体国家安全观和总体信息安全观指导下全面保障国家信息安全，必须努力发展总体信息技术和信息安全技术，全面加强总体信息安全管理，搞好各方面信息安全队伍建设，建立健全总体信息安全法律制度体系，加强总体信息安全教育，确立总体信息安全观。

在信息联网、网络联物、网物一体的物联网时代，信息安全不再只是虚拟世界的安全，也不再只是间接关系到现实世界的实物安全，而直接就是现实世界的实物安全。自动驾驶条件下的信息安全，直接就是信息网络控制下的汽车、火车、轮船、飞机、火箭、飞船等实物的安全，是这些实物空间中人的安全。在现实世界全面信息化、网络化的时代，信息网络安全已经成为现实世界安全的关键因素。重视信息安全，研究信息安全，掌握信息安全，确保信息安全，预防和避免信息安全事件的发生，越来越不仅仅是一个信息安全问题，而是一个牵一发动全身的全局性安全问题。为此，无论是在国家安全领域，还是在与国家安全密切相关且已进入非传统国家安全视野的个人安全、机构安全领域，都必须加强信息安全教育，增强全国人民的信息安全意识。

国家安全领域的信息安全，是传统信息安全问题与非传统信息安全问题的统一，既包括当代信息技术领域的信息安全，也包括电子计算机出现之前早已存在且今天依然存在的纸墨载体信息安全。因此，国家安全领域的信息安全教育的内容，必须包括传统信息安全与非传统信息安全两个方面。要全面搞好信息安全工作，需要一方面重视和强化以电子计算机为主体的非传统电磁信息安全教育，另一方面绝不能忘记传统纸墨载体信息安全教育，必须把传统信息安全纳入国家信息安全教育之中，开展全方位的信息安全教育。

国家安全领域的信息安全教育，是信息安全专业教育和信息安全通识教育的统一。搞好信息安全工作，提高国家信息安全度，必须努力发展信息技术和信息安全技术，为此就必须加强信息安全专业建设，加强信息安全专业教育，培养一大批信息安全技术人才。信息安全专业教育是全面信息安全教育的基本内容。此外，无论是对信息安全专业的老师、学生和广大从业者，还是对普通人，都需要进行信息安全的通识教育，使包括专业人士在内的所有人都树立起信息安全意识，都能做好本职范围内的信息安全工作。

国家安全领域的信息安全教育，既要讲公开信息的安全，也要讲秘密信息的安全，要成为公开信息与秘密信息相统一的总体信息安全教育。在当代信息技术出现之前早已存在的保密教育，是历史上广受重视的信息安全教育，是秘密信息安全教育。在当代信息技术条件下，保密教育延伸到了电子计算机及其相应的网络领域，我国的《保守国家秘密法》对此做出了与技术进步相适应的一系列规定。这部 1988 年 9 月 5 日第七届全国人民代表大会常务委员会第三次会议通过、2010 年 4 月 29 日第十一届全国人民代表大会常务委员会第十四次会议修订的《保守国家秘密法》规定："存储、处理国家秘密的计算机信息系统（以下简称涉密信息系统）按照涉密程度实行分级保护。涉密信息系统应当按照国家保密标准配备保密设施、设备。保密设施、设备应当与涉密信息系统同步规划，同步建设，同步运行。涉密信息系统应当按照规定，经检查合格后，方可投入使用。"这部法律还进一步具体规定："机关、单位应当加强对涉密信息系统的管理，任何组织和个人不得有下列行为：（一）将涉密计算机、涉密存储设备接入互联网及其他公共信息网络；（二）在未采取防护措施的情况下，在涉密信息系统与互联网及其他公共信息网络之间进行信息交换；（三）使用非涉密计算机、非涉密存储设备存储、处理国家秘密信息；（四）擅自卸载、修改涉密信息系统的安全技术程序、管理程序；（五）将未经安全技术处理的退出使用的涉密计算机、涉密存储设备赠送、出售、丢弃或者改作其他用途。"显然，现在的保密教育，除了过去的传统保密教育之外，还必须包括信息技术条件下的非传统保密教育。

但是，国家信息安全教育并不等于保密教育。秘密信息安全是国家信息安全的重要内容，但各种公开信息也存在安全问题，公开信息的安全也是信息安全教育的必要内容。因此，从秘密和公开的角度看，当前的国家信息安全教育必须包括秘密信息和公开信息两个方面内容，必须是秘密信息安全与公开信息安全相统一的信息安全教育。

5. 生态安全

在人类居住的地球，生态是由生物、土地、水体、底土、大气层等构成的各方面因素相对平衡的自然系统。人类之所以能在地球的某些区域出现、生存和发展，说明整个地球的自然生态，特别是人类诞生、生存和发展所处区域的自然生态，对人类是适宜友好的。适宜友好的自然生态，是整个人类生存发展的必要条件，也是地球上不同国家和地区人们生存发展的必要条件，是所有国家生存发展的必要条件。因此，整个人类和各个国家，都需要使这种适宜友好的自然生态能够得到很好的保持。这就是生态安全。

由于整个生态包括生物、土地、水体、底土、大气层等多个体系，生态安全可分为生物生态安全、土地生态安全、水体生态安全、底土生态安全、大气层生态安全五个要素。

人类在地球上出现之后，一直在不断改造自然，也就一直在不断破坏自然生态。古时帝王为了建造宫殿驱使百姓对原始森林乱砍滥伐，百姓为了生存发展也不断把林地变成耕地，这就使森林面积不断缩小，某些依赖森林休养生息的动植物和微生物不断减少甚至绝迹，生态平衡因此不断遭受破坏，生态安全问题在人们不知不觉中已经出现。开垦土地，种植作物，修筑房舍，起火烹食，周围的自然环境和生态就开始走出纯自然状态，而不同程度地打上了社会活动的烙印，某种意义上也可以说是受到人类生产生活的"破坏"。

人类历史上不断加重的不同形式的"生态破坏"，曾经毁灭了原始森林，破坏了原始植被，造就大量不适合人类生存的戈壁沙漠，人民因此而流离失所，有的部族和国家也因此在厚厚的史册上悄然消失。在人类历史上，有些古老文化及所属国家，曾因国家生态环境变得越来越恶劣而无法继续存在，或者迁徙他处，或者就地消失。古埃及文明、古地中海文明、印度恒河文明和美洲玛雅文明，这些承载不同文明的国家，它们的衰弱和消亡，既有政治军事等方面的原因，也与生态环境的恶化有关；而造成生态环境恶化的原因，既有整个地球气候变化所造成的"天灾"，也有人们过度砍伐森林、过度开垦荒地等方面的"人祸"。

由于生产力的相对落后，渔猎时代、农牧时代的人类对自然环境的破坏还相对有限。到了工业时代，环境破坏和生态恶化愈演愈烈，一些重大环境事件不断出现。对此，习近平2018年5月18日在全国生态环境保护大会上发表讲话时说："人类进入工业文明时代以来，传统工业化迅猛发展，在创造巨大物质财富的同时也加速了对自然资源的攫取，打破了地球生态系统原有的循环和平衡，造成人与自然关系紧张。从上世纪30年代开始，一些西方国家相继发生多起环境公害事件，损失巨大，震惊世界，引发了人们对资本主义发展模式的深刻反思。"①

虽然生态环境的破坏和生态安全问题并非今日才有，并非战后才有，也并非工业化之后才有，但是，认识到生态环境问题的严重性，主动把保护环境作为一项重要工作来规划和实施，则是第二次世界大战之后的事情，特别是冷战结束以后。如同当代许多新观念、新思想、新学科总是在美国率先出现一样，环境研究和环境科学最初也是20世纪60年代首先在美国出现的。

第二次世界大战结束后，西方国家为了与苏联竞争抗衡，工业化的步伐进一步加快。20世纪50年代，美国企业为了经济开发而大量

———————————

① 《习近平谈治国理政》第3卷，外文出版社，2020，第360页。

砍伐森林，破坏自然，工业废料、废水和废气非常严重地污染了环境，特别是化学企业开发 DDT 等剧毒杀虫剂，被不顾后果地到处喷洒，导致鸟类、鱼类和益虫大量死亡，害虫却因产生抗体而日益猖獗，而且化学毒性还通过食物链进入人体，诱发癌症和胎儿畸形等问题。

面对越来越严重的环境问题，美国一些深受其害和具有责任感的科学家，开始研究环境问题，为环境保护著书立说，其中最著名的当属蕾切尔·卡逊。虽然在《寂静的春天》出版几个月后，卡逊就因为健康状况全面恶化于 1964 年 4 月 14 日去世，但她开创的环保事业却渐渐为全人类所接受，并被不断发扬光大。1970 年，美国开始实施人类历史上的第一部环境法——《国家环境政策法》，并于同年设立了人类历史上第一个国家级的环保机构——美国国家环保局。

但是，环境保护作为一个明确而科学的概念，是 1972 年在联合国人类环境会议上首次提出的。1972 年 6 月 16 日，联合国人类环境会议全体会议在斯德哥尔摩通过了《联合国人类环境宣言》，阐明了与会国和国际组织所取得的七点共同看法和二十六项原则，呼吁各国政府和人民为维护和改善人类环境、造福全体人民、造福后代而共同努力。在此过程中，环境问题还不十分突出的中国，也开始关注环境问题。

20 世纪 70 年代，环境科学开始成形。当时，一些国家把环境科学作为自然科学的一个研究方向，投入了大量人力和财力进行研究。此后的一段时间内，虽然环境事件依然在全球各地频发，但许多国家和国际社会的环保力度不断加大。到 80 年代中期，许多国家陆续成立了专门的环保机构，颁布实施了各种形式的环境保护法，出台了不同形式的国家环境规划，环境评价制度日益成熟完善。

但是对于大多数中国人来说，20世纪70年初期的主要问题是苏美对抗，中国面临战争甚至核战争的严重威胁，最主要的安全问题是"要准备打仗"，是传统的军事安全问题。尽管如此，中国政府对当时国内再现的环境问题还是非常重视的，同时积极参加联合国的环保大会。

总体上看，20世纪70~80年代的人类依然处于"冷战"时期，由于战争或战争危险的存在，特别是后来的核战危机的不时出现及事态的严重，生态环境等非战争安全问题虽然已经陆续进入人们的视野，成为研究的课题和大学新设专业，成为国家通过立法等措施努力解决的重要问题，但当时并没有成为人类思想和行为的重要主题，更没有成为国家安全议程，没有进入国家安全的理论框架和思想体系。

1978年中共十一届三中全会召开，实现了党和国家工作中心的转移，开启了改革开放和社会主义现代化建设新时期，突飞猛进的经济建设和工业化进程也积累了大量生态环境问题，为解决这一问题，在几十年间不断提升政府环保机构的行政级别，最终在2008年成立了专门的环境保护部，但生态环境保护没有取得与经济发展同等重要的地位。如果说经济建设和发展是这一时期的最大政治，那么生态环境保护也只能说是从低层次的民生问题逐渐变成了一般性政治问题，没有进入安全和国家安全这种全局性的高端政治之列。改革开放几十年来，在世界范围内的环保运动如火如荼和我国经济建设高速发展的大背景下，我国在宏观层面不断推出与环保相关的新法律、新措施，升级环保机构，壮大环保队伍，力图遏制环境恶化，确保生态安全；而在微观层面并不真正重视环保问题，各种环境事件频发，相关企业和地方政府对经济发展的重视远远高于对环境问题的重视，结果使生态环境在人们高喊环保口号的掩盖下不断恶化。

在国际上，特别是在欧洲，冷战结束前后，由于大规模战争的危险逐渐成为人们遥远的记忆，战火硝烟不再经常刺激人们的视觉，政治制度和意识形态争斗不再"白热化"，和平与发展成为时代主题，生态环境问题开始被纳入安全议程，成为学术研究的重要领域，也成为各国政府及许多国际组织的一项重要工作。欧洲哥本哈根学派的安全研究，早把包括生态环境在内的许多非传统安全问题"安全议程化"，使其进入安全研究和安全政策的范围之中。冷战结束后，虽然整个世界范围内的政治、军事、领土等领域的安全问题依然存在，甚至不时还会挑拨一下人们松弛下来的战争神经，但它们的相对地位无疑比热战和冷战时期已下降了不止一个等级，最终被人们归于"传统安全"或"旧安全"概念之下。相反，文化、科技、生态、信息等领域的安全问题，则由于笼罩在它们头上的战争阴云渐渐散开，以及它们自身问题的日益暴露与恶化，其在人类社会中的相对地位日益上升，最终成了各国学者从不同角度进行研究的"非传统安全问题"，成为各国政府普遍关注并采取各种措施努力解决的非传统的安全问题。

2000 年 2 月 21 日，联合国环境署执行主任托普费尔在"环境安全、稳定的社会秩序和文化"会议上指出："环境保护是国家或国际安全的重要组成部分，生态退化则对当今国际和国家安全构成严重威胁。"① 这就明确地把环境保护纳入了国际安全和国家安全的范围之中。

在国际大环境的影响下，也由于我国生态环境问题越来越严重，我国政府部门和学术机构在冷战之后强化了与生态环境相关的安全意

———

① 转引自高振宁《强化环境安全，确保可持续发展》，《农村生态环境》2005 年第 2 期。

识，在理论上逐渐把生态环境问题纳入人类安全和国家安全的范围之内。2002 年，全国人大环境与资源保护委员会主任委员曲格平在他的文章中，不仅直接引用了这位联合国环境署官员的话，而且文章的题目就是《关注生态安全之一：生态环境问题已经成为国家安全的热门话题》。2004 年 4 月，国内出版的首部《国家安全学》教材，不仅明确指出"在当代国家安全体系中，生态安全已成为一个新生的基本要素"①，而且还将"生态安全"问题进行专章讨论。此后，把"生态环境"作为非传统安全问题进行研究的论著日益增加，环境立法也更加成熟。目前，能够统一"环境保护""生态安全""生态优化"不同层次的环境工作，在我国已经被概括到"生态文明"一词中。

2018 年 5 月 18 日，习近平在全国生态环境保护大会上发表题为《推动我国生态文明建设迈上新台阶》的讲话，对党的十八大以来的生态文明建设作了概括性总结。习近平指出："党的十八大以来，我们通过全面深化改革，加快推进生态文明顶层设计和制度体系建设，相继出台《关于加快推进生态文明建设的意见》、《生态文明体制改革总体方案》，制定了四十多项涉及生态文明建设的改革方案，从总体目标、基本理念、主要原则、重点任务、制度保障等方面对生态文明建设进行全面系统部署安排。生态文明建设目标评价考核、自然资源资产离任审计、生态环境损害责任追究等制度出台实施，主体功能区制度逐步健全，省以下环保机构监测监察执法垂直管理、生态环境监测数据质量管理、排污许可、河（湖）长制、禁止洋垃圾入境等环境治理制度加快推进，绿色金融改革、自然资源资产负债表编制、环境保护税开征、生态保护补偿等环境经济政策制定和实施进展顺

---

① 刘跃进主编《国家安全学》，中国政法大学出版社，2004，第 171 页。

利。京津冀大气污染治理、长江经济带生态环境保护取得阶段性成效。"① 在这一阶段，我国还制定和修改了环境保护法、环境保护税法以及大气污染防治法、水污染防治法和核安全法等法律。全国人大常委会、最高人民法院、最高人民检察院对环境污染和生态破坏界定入罪标准，加大惩治力度，形成高压态势。习近平特别强调："特别是中央环境保护督察制度建得好、用得好，敢于动真格，不怕得罪人，咬住问题不放松，成为推动地方党委和政府及其相关部门落实生态环境保护责任的硬招实招。"②

习近平指出："经过不懈努力，我国生态环境质量持续改善。同时，必须清醒看到，我国生态文明建设挑战重重、压力巨大、矛盾突出，推进生态文明建设还有不少难关要过，还有不少硬骨头要啃，还有不少顽瘴痼疾要治，形势仍然十分严峻。"③ 面向未来，习近平又指出："随着我国社会主要矛盾转化为人民日益增长的美好生活需要和不平衡不充分的发展之间的矛盾，人民群众对优美生态环境需要已经成为这一矛盾的重要方面，广大人民群众热切期盼加快提高生态环境质量。我们要积极回应人民群众所想、所盼、所急，大力推进生态文明建设，提供更多优质生态产品，不断满足人民日益增长的优美生态环境需要"④。

6. 资源安全

资源有广义和狭义之别，广义的资源是有利于国家生存发展的各种自然资源、社会资源和人力资源的总和。构成国家的经济、政治、

---

① 《十九大以来重要文献选编》（上），中央文献出版社，2019，第446页。
② 《十九大以来重要文献选编》（上），中央文献出版社，2019，第446页。
③ 《十九大以来重要文献选编》（上），中央文献出版社，2019，第447页。
④ 《十九大以来重要文献选编》（上），中央文献出版社，2019，第449页。

军事、科技、文化、信息等社会性要素，事实上都是不同形式的社会资源，而国民在作为目的性存在的同时，也具有工具性意义，从而成为国家生存发展的人力因素，即人力资源。但是，作为国家安全基本要素的资源安全，并不是广义上的资源安全，而是狭义上的资源安全。狭义的资源，是与社会资源和人力资源相区别的自然资源。国家安全领域的资源安全，就是自然资源的安全。

无论是整个人类，还是任何一个国家，要安全和发展，就离不开一定的自然资源。如果说经济是整个人类社会和每一个国家生存发展的基础，那么自然资源就是整个人类和每个国家能够进行物质生产和经济活动的基础。从茹毛饮血到刀耕火种，从传统农业到现代农业，从农业社会到工业社会，从工业社会到信息社会，人类在社会发展的不同阶段，总是依赖不同的自然资源。渔猎时代，野生动植物和天然洞穴是人类生存不能不依赖的自然资源。农业社会，人类需要和依赖的自然资源主要是土地、水源、畜力、木材、气候等。到了工业社会，铁矿、煤炭、石油、核矿等自然资源占据了越来越重要的地位，发挥着越来越重要的作用。人们常说中国地大物博，其中的"物博"就是指自然资源丰富。

今天，人类已经进入后工业的信息社会，但依然离不开以往时代逐渐被开发和利用的各种自然资源，同时还在开发利用一些信息技术必需的自然资源，特别是信息技术发展必不可少的稀土资源。因此，保障资源安全就是保障经济安全，保障经济安全就是保障整个国家和人类社会的安全。

在狭义资源的意义上，国家资源安全就是有益于国家生存发展的各种自然要素和自然条件不受内外威胁和侵害的状态。

在人类居住的地球上，自然资源丰富多样，从人们看到的阳光、呼吸的空气、饮用的水，到人们肉眼直接看不到的微生物、听不到的超声波、感觉不到的电磁波，都是自然界赐予人类的资源。对于这些，人们同样从不同角度进行了分类，例如从可否再生的角度把资源分为可再生资源和不可再生资源两类，从存在形态的角度把资源分为物质资源、能量资源和信息资源三类。当前，人们一般把自然资源分为土地资源、水资源、气候资源、矿物资源、生物资源五大类。

资源安全是国家生存和发展的自然基础。资源安全既具有国家性，也具有超国家性；既是国家安全的重要内容，也是整个人类安全的重要内容。这一点不同于传统安全观强调和重视的军事安全、政治安全、领土安全、主权安全等，也不同于非传统安全观才强调和重视起来的经济安全、社会安全、文化安全、科技安全等。

人类社会是在一定自然资源中产生和生存的。具有水分、土壤、空气、阳光等物质存在的地球，就是人类产生和生存的自然资源。没有地球，没有地球上这些基本的自然资源，生命和人类就不可能出现，任何国家也都无从谈起；失去了这些必要的自然资源，失去了地球，任何人和任何国家都将无法继续生存。因此，任何人，任何国家，都需要牢记一个简单的命题："我们只有一个地球。"地球不是某一个国家生存的自然基础，而是所有国家和整个人类生存的共同自然基础。

人与动物的一个重要不同之处，就是人类诞生之后就处于一个不断进步的过程之中，不同时代的人类会有不同的生活质量和生活方式。但是人类的进步与发展，不同于一般的生物进化，而是生活的社会性改善和升级，以及社会生活的丰富和提升。

无论是生存安全，还是发展安全，都需要一定的自然资源。自然资源及其安全，是国家生存安全和发展安全的自然基础。保护自然资源和资源安全是全人类和每个国家的共同职责。资源和资源安全在人类和国家发展的不同历史阶段，具有不同的地位和作用。人类生存需要各种自然资源，但不同的自然资源在人类社会发展的不同阶段，对于不同环境中和不同条件下的人们来说，它们的地位、作用及重要性是不同的。土地资源、能源资源、核资源等，对当代中国经济社会发展和国家安全都具有十分重要的战略意义。

2014 年 6 月 13 日，习近平主持召开以研究"我国能源安全战略"为主题的财经领导小组第六次会议，他强调："经过长期发展，我国已成为世界上最大的能源生产国和消费国，形成了煤炭、电力、石油、天然气、新能源、可再生能源全面发展的能源供给体系，技术装备水平明显提高，生产生活用能条件显著改善。尽管我国能源发展取得了巨大成绩，但也面临着能源需求压力巨大、能源供给制约较多、能源生产和消费对生态环境损害严重、能源技术水平总体落后等挑战。我们必须从国家发展和安全的战略高度，审时度势，借势而为，找到顺应能源大势之道。能源安全是关系国家经济社会发展的全局性、战略性问题，对国家繁荣发展、人民生活改善、社会长治久安至关重要。面对能源供需格局新变化、国际能源发展新趋势，保障国家能源安全，必须推动能源生产和消费革命。推动能源生产和消费革命是长期战略，必须从当前做起，加快实施重点任务和重大举措。"①

三　国家安全次级要素与不同划分标准下的海外安全

国民安全、政治安全、经济安全、军事安全、文化安全、社会安

---

① 《习近平主持召开中央财经领导小组会议》，国家能源局，http://www.nea.gov.cn/2014-06/17/c_133413362.htm。

全、国土安全、科技安全、信息安全、生态安全、资源安全 11 个要素，是国家安全的基本要素。在这些基本要素之外，习近平在首次提出总体国家安全观时还讲到了核安全，后来又广泛涉及网络安全、粮食安全、金融安全、生物安全等。这些要素，包括当前人们常说到的深海安全、深空安全、深地安全、深蓝安全等，都不是国家安全的基本要素，而是不同层次的国家安全次级要素。

1. 核安全

核安全虽然非常重要，甚至比普通的资源安全、生态安全、文化安全、信息安全等都重要，但是在国家安全体系中，它并不是一个独立的国家安全基本要素，而是处于军事安全、科技安全和资源安全下的国家安全次级要素。但是，核安全并不因为其在理论逻辑上居于次级地位而失去其重要性。相反，由于核能既可以很好地满足人类生产生活的需要，也可能给人类带来巨大灾难，所以在现实中的重要性一点也不亚于许多国家安全基本要素。

在原子物理学诞生之前，人类是不知道核和核能的，因而也不存在核安全问题。核安全问题是在原子弹这种第一代核武器 1945 年诞生后才出现的新生安全问题。第二次世界大战后的核军备竞赛，日益广泛的非军事核应用的发展，以及由此带来的各种核威胁和核恐惧，使核安全问题成为当代国家安全的重要内容之一。在国家安全体系中认识核安全，需要了解和把握如下几点。

第一，核安全是军事安全下的国家安全次级要素。

核应用始于军事领域，成于原子弹诞生，彰显于第二次世界大战末期美国在日本投下两颗原子弹的时候。1945 年，美国在日本投下了两颗原子弹，加速了日本无条件投降，第二次世界大战结束。这两颗原子弹在日本的爆炸，使人们看到了原子武器的巨大威力。

第二次世界大战之后，核武器被美国一家垄断的局面很快就打破了。苏联、法国、英国、中国也成为有核国家，其中美苏两国核实力最为强大。为了争夺世界霸权，美苏两国在冷战期间展开了令世人胆战心惊的核竞争，使整个人类和地球笼罩在核大战的阴云之中。"核冬天"就是当时的科学给人类描绘的可怕前景。但是，核战可能带来的共同毁灭前景，又使世界上没有一个国家敢于按下核大战的按钮。核恐怖下的"恐怖平衡"，使人类在冷战期间避免了自我毁灭的核大战。

冷战结束以来，核战阴影逐渐从人类的头顶消失，但有核国家的增加和核恐怖主义的苗头，又给人类带来了许多新的核安全问题。核安全首先是核武器的安全问题，是军事安全中的武器装备安全下的一个国家安全次级要素。构成军事安全的要素很多，有军队安全、军人安全、武器装备安全、军事秘密安全等，其中的武器装备安全，在核武器没有出现之前是不可能包括核武器安全的，而在核武器出现之后则必然要包括核武器的安全。这就是军事安全领域的核安全，即处于武器装备安全下的核武器安全。如果说军事安全是国家安全的一级要素，武器装备安全是国家安全的二级要素，那么核武器安全就是国家安全的三级要素。

核武器安全虽然逻辑上身处第三级，但在现实中地位极高。我们既不必因为核武器安全的极端重要，就把其在当代国家安全体系中的逻辑地位无逻辑地升高为基本要素、一级要素，也不能因为核武器安全在逻辑上是当代国家安全的第三级要素，就轻视其在现实中的极端重要性。

第二，核安全是科技安全下的国家安全次级要素。

在把核能用于军事和战争的同时，人类也开始思考和尝试在军事之外和平利用核能。现在遍布世界各地的核电站，就是利用核能发电，为各行各业的生产和人民的日常生活提供源源不断的新能源。此外，核技术还被广泛运用到医疗、育种、工程、交通等领域，从而给人类带来了许多新的福利。这就使核安全又成为科技安全中的一个重要问题。

在科技安全的众多要素中，包括科技应用安全这个要素。核技术应用安全，就是当代科技应用安全的重要内容之一。因此，如果说科技安全是当代国家安全的基本要素、一级要素，科技应用安全是科技安全不可或缺的内容和要素，是当代国家安全的二级要素，那么核技术应用安全就是当代科技应用安全不能不包括的内容和要素，是当代国家安全的三级要素。

第三，核安全还是资源安全下的国家安全次级要素。

资源安全包括土地资源安全、水资源安全、气候资源安全、矿物资源安全、生物资源安全五大构成要素，其中的矿物资源安全就包括了核资源安全。由此来看，在资源安全领域，矿物资源安全是当代国家安全的二级要素，核资源安全作为矿物资源之一则是当代国家安全的三级要素。

对于上述分析的核安全在国家安全体系中的地位，如图 3-1 所示。

核技术在给人类带来新的能源、提高生产力的同时，也存在某些人类难以预测和控制的安全隐患，形成了各种核安全风险和挑战，核事故导致的核泄漏、核污染，也曾给人类带来重大灾难。20 世纪 80 年代发生在苏联的切尔诺贝利核事故，是迄今为止最严重的一次核灾难。这次灾难使近 10 万人罹患癌症和间接死亡，6 万多平方公里的土地被污染，核电站周围半径 30 公里的地区成为无人区。有关专家

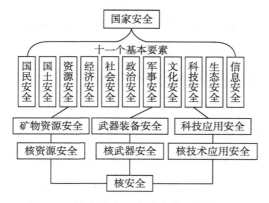

图 3-1　核安全在国家安全体系中的地位

预言，消除这场灾难对地球的污染，至少需要 800 年时间，持续的核辐射危险将持续 10 万年。为此，人们不能不从国家、人民和整个人类的安全角度来思考核问题。核安全成了国家安全领域不可回避的一个重要问题。

　　科学技术历来都是"双刃剑"，在促进人类发展进步的同时，也会给人类带来一些难以预料的新挑战，甚至带来前所未有的灾难。原子物理学在 19 世纪末 20 世纪初的迅速发展，使人类看到了原子核蕴藏的巨大能量，并且迅速把核技术运用到军事领域，结果在没有造福人类之前，就给人类带来了一场巨大的灾难。

　　核安全不只是军事问题，也不是一国一地能够彻底解决的问题。我们必须在总体国家安全观的指导下，科学认识核安全在整个国家安全体系中的地位，既保护好军事领域的核安全，又保护好非军事领域的核安全；既重视我们国家自己的核安全，也重视整个世界各个国家不同方面的核安全；既重视核安全技术的开发利用，又重视核安全的综合治理，通过国内各部门的协作和世界各国的使用，应对核威胁、保卫核原料和设施、防止非法核走私，尤其是防范核武器、核材料落入恐怖分子手中。

作为负责任的核大国，我国认真、严格履行国际义务和承诺，并与有关国家和国际组织开展积极合作，提高了国际核安全治理水平，在有效防止核恐怖主义威胁中发挥了重要作用。作为一个负责任和爱好和平的国家，我国一贯高度重视核安全问题，不但对本国人民负责，而且对国际社会负责。我国始终坚持不首先使用核武器的政策，坚持自卫防御的核战略，无条件不对无核武器国家和无核武器区使用或威胁使用核武器。在国际舞台，我国坚决反对核扩散和核恐怖主义，积极支持国际社会加强核安全合作。

2014年3月24日，习近平在第三届世界核安全峰会上讲话时，介绍了中国核安全措施和成就，提出：发展和安全并重、权利和义务并重、自主和协作并重、治标和治本并重的中国核安全观，并呼吁国际社会携手合作，实现核能持久安全和发展。①

2016年4月1日，在第四届核安全峰会上，习近平在讲话中指出：中国奉行精益求精的理念，努力探索加强核安全的有效途径。我们已经将核安全纳入国家总体安全体系，写入国家安全法，明确了对核安全的战略定位。中国将继续加强本国核安全，同时将积极推进核安全国际合作，分享技术和经验，贡献资源和平台。中国将构建核安全能力建设网络，推广减少高浓缩铀合作模式，实施加强放射源安全行动计划，启动应对核恐怖危机技术支持倡议，推广国家核电安全监管体系。只要我们精诚合作，持续加强核安全，核能造福人类的前景必将更加光明！②

---

① 《习近平在荷兰海牙核安全峰会上的讲话（全文）》，中国政府网，http://www.gov.cn/xinwen/2014-03/25/content_2645145.htm。

② 《习近平在华盛顿核安全峰会上的讲话（全文）》，新华网，http://www.xinhuanet.com/politics/2016-04/02/c_1118517898.htm。

2019 年 9 月，国务院发布《中国的核安全》白皮书，全面介绍中国核安全事业的发展历程，阐述中国核安全的基本原则和政策主张，分享中国核安全监管的理念和实践，阐明中国推进全球核安全治理进程的决心和行动。白皮书指出："中国始终把保障核安全作为重要的国家责任，融入核能开发利用全过程，始终以安全为前提发展核事业，按照最严格标准实施监督管理，始终积极适应核事业发展的新要求，不断推动核安全与时俱进、创新发展，保持了良好的安全记录，走出一条中国特色核安全之路。"① 目前，我国核电厂的安全保持了世界先进水平，核设施退役和放射性废物治理取得明显成效，核技术利用装置管理更加完善，核安全设备监管进一步加强，核安保水平进一步提升，核安全监管能力持续增强。

2. 网络安全、网络空间安全和深蓝安全

习近平首次提出总体国家安全观时，"信息安全"被作为国家安全的重要内容提了出来。后来，习近平再讲到相关问题时，更多的是使用"网络安全"和"网络空间安全"。此外，根据《"十三五"国家科技创新规划》：为了建立保障国家安全和战略利益的技术体系，要发展深海、深地、深空、深蓝等领域的战略高技术，其中的"深蓝"，就是信息领域更深入的内容，"深蓝安全"由此也可以归到信息安全这一基本要素之中。这样一来，就有一个如何理解信息安全和网络安全、网络空间安全、"深蓝安全"之间的关系问题。

事实上，无论是网络安全，还是网络空间安全，抑或是"深蓝安全"，都是信息安全的具体内容，是信息安全下的国家安全次级要素。

20 世纪前半叶，人类开发了以电子计算机为主体的当代信息技

---

① 《〈中国的核安全〉白皮书（全文）》，中华人民共和国国务院新闻办公室，http://www.scio.gov.cn/zfbps/32832/Document/1663405/1663405.htm。

术，发明了在计算机之间进行信息传递的互联网。网络安全由此成为信息安全的一个重要方面。互联网是网线、电波以及被网线和电波连接起来的计算机、存储器、服务器和终端机等组成的全球信息流动体系。在信息技术迅速发展的今天，互联网成为人们传递、传播和接受信息的主要渠道。从文字到图像，从音频到视频，从个人履历到政府文件，从公开信息到秘密情报，互联网上流动的信息每天都是天文数字。

互联网在给信息流动带来从未有过的便利的同时，也带来了许多前所未有的安全问题。传递信息的网络不安全，已经成为信息不安全的主要形式。如果说过去人们还在泛泛地谈论信息安全，那么人们今天说的更多的是网络安全。习近平在 2014 年 4 月 15 日提出总体国家安全观时，讲到了国家安全的 12 个基本构成要素，其中之一便是信息安全。后来，习近平用得更多的一个概念已经不是"信息安全"，而是"网络安全"了。在国家安全领域，习近平特别强调："没有网络安全就没有国家安全。"①

网络安全是当代信息流动安全的基本内容，也是当代信息流动安全的重要保障。但是在后互联网时代，网络已经不仅仅是由网线、电波、计算机、存储器、服务器和终端机组成的信息流动体系和所谓的虚拟空间，而是已经与现实事物连为一体、通过电磁信息监视和控制现实世界的信息与事物之间的互动体系。这种超越单纯的信息流动、走向远程监视和控制各种事物运行的新型网络，已经不是传统的"互联网"，而是"物联网""赛博网"（Cyber）。"物联网"和"赛博网"的安全，依然要以传统信息安全和传统网络安全为基础，但

---

① 《习近平关于总体国家安全观论述摘编》，中央文献出版社，2018，第 166 页。

已经超出了传统网络安全和信息安全的范围，进入了信息应用安全领域。

在信息技术广泛渗透并日益紧密地与人类生活各个领域联系在一起的今天，无论是个人驾驶汽车、健康检查、呼叫租车、器械健身，还是企业加工产品、销售服务、上市融资、招标投标，抑或是政府下发文件、举办会议、听证咨询、征税征粮、调控市场、整顿金融、对外交往、发兵开战，都在不断被信息化、网络化。

当网络应用到社会生活、企业经营、政府工作等各个领域时，网络信息控制的事物必须能够安全存在和安全运行，这就要求网络和流动于网络的信息必须是安全的。如果说流动于网络的信息和网络的安全还仅仅是信息安全和网络安全问题，那么通过网络和信息控制的各种事物的安全，就是现实世界的安全问题了，是信息应用于现实世界的安全问题。

在信息技术越来越广泛地运用到烹饪、交通、会议、科研、军演、战争及家电、汽车、飞机、坦克、军舰、卫星等现实事物的时候，现实世界的安全便越来越依赖并取决于信息和网络的安全。安全是网络信息用于控制现实事物的最基本前提。没有安全，网络信息就不能用于控制现实事物。

当代信息技术条件下的信息应用安全，使信息技术远远超越了虚拟世界，直接关系到由物质、能量和信息构成的现实世界的安全，关系到一个国家的现实军事、政治、经济、文化、科学技术、生态环境等方面的安全，关系到现实世界中的国家安全。针对这种情况，信息技术专家创造了"物联网""赛博网""物联网安全""赛博空间安全"（"网络空间安全"）等概念进行描述。事实上，这些新情况可以更准确地概括在"网域"和"网域安全"两个概念中。

网域安全就是网络领域的安全，它既包括信息和网络本身的安全，也包括信息和网络应用的安全，包括与网络连在一起从而被信息网络覆盖的现实事物的安全。如果把与信息网络连在一起的事物称为"网物"，那么网物安全就是信息应用安全的具体体现，网域安全则包括了信息安全、网络安全和网物安全三个层次。

3. 生物安全

人们之所以在 2020 年初提起"生物安全"这个话题，并把其与国家安全联系起来讲，是因为疫情对国人健康和生命安全造成了极大的威胁和危害，同时也给国家安全带来了前所未有的严峻挑战。人们在联系疫情思考生物安全时，特别是从国家安全角度思考这一问题时，总是有意无意地碰到一个不可回避的重要理论：生物安全在国家安全体系中居于什么位置。

其一，生物安全作为国家安全的构成要素，是国家安全学理论中讲到的资源安全的有机构成部分，是资源安全的构成要素。当代国家安全体系包括的内容非常广泛，构成要素很多，但这些要素并不处于同一层级。如果说资源安全是国家安全的基本构成要素之一，是国家安全的基本要素、一级要素，那么生物安全则是资源安全下的国家安全二级要素，是国家安全的次级要素。这种含义上的生物安全概念，是生物安全的本义，其含义就是人要敬畏自然，敬畏生物，尽量使各种生物（包括其基因）处于自然的安全状态，保持生物物种本身的延续性和多样性，如果开发利用和改造，包括改造生物基因，必须慎之又慎。

其二，生物安全在本义之外，还经常被用在与生物技术应用安全相关的方面，生物安全也成为科技安全的内容。与资源安全一样，科技安全也是国家安全的基本要素、一级要素，其下也包括许多二级要素、三级要素，其中一个二级要素就是科技应用安全，生物技术应用安全则是科技应用安全下的国家安全三级要素之一。人们都知道科技是把"双刃剑"，既可能造福一个国家的人民和整个人类，也可能危害一个国家的人民和整个人类，关键是看人们如何使用这把科技"双刃剑"。因此，科技应用安全，包括生物技术、基因技术的应用安全，就成了国家安全的重要内容。

其三，如果有的国家把生物技术应用到军事领域，制造出"生物武器"，特别是所谓的"基因武器"，那么生物武器安全、基因武器安全，就成为军事安全的重要内容。自原子弹问世以来，核武器安全就成了军事安全中武器装备安全必然包括的内容。同理，"生物武器"特别是"基因武器"出现后，生物武器安全，特别是基因武器安全，必然成为军事安全中武器装备安全的要素之一，从而成为国家安全体系中军事安全下的一个国家安全三级要素。

其实，生物安全方面的主要问题，并不是生物安全作为国家安全构成要素处于什么位置（见图3-2），而是生物及其基因对人民、国家和人类的影响、威胁和危害，特别是如何克服或减轻生物问题对人类和国家生存发展的冲击，如何保障自然生物和基因在有利于人类生存发展方向上的存在和发展，如何保障生物技术、基因技术的开发利用遵循正确的价值导向。

从总体上看，生物是整个自然界的一环，生物及其自然状态下形成的生态平衡，是整个人类和所有国家生存发展的重要条件，对人类和各个国家的生存发展具有多方面的意义，而且在总体上迄今多是积极意义。但是，包括生物在内的自然物，并非都对人类有利，也并非在任何时候任何情况下都有益于人的生存和发展。包括洪、涝、旱、震、虫、疫在内的各种自然现象，对人来说就是灾难，是威胁和危害

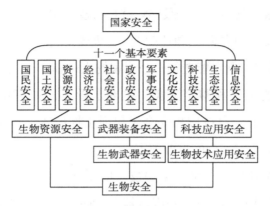

图 3-2 生物安全在国家安全构成要素的位置

国家安全的自然因素。虽然科学技术的不断发展，使人类在自然面前的力量有所增长，但从总体上看，人类在大自然面前依然是非常渺小的存在，各种自然灾害依然不断威胁和危害着人类和各个国家的生存发展。

同时，人类对各种自然资源，包括生物资源、基因资源的开发利用，虽然在总体上同样是积极有利的，但也同样存在各种隐患，时不时出现一些威胁和危害人类及不同国家生存发展的问题和事故。人类在开发利用包括生物资源在内的自然资源方面的技术进步，如古老中医药技术和当代生物医药技术，从不同方面增进了人类健康，护卫着人类的生命安全，同时也并非没有隐忧。生物技术的发展，特别是基因技术的发展，如果失去价值导向，就会给国家带来灾难，甚至陷人类于灭顶之灾。

4. 深海安全

在近年出现的国家安全新概念中，深海安全、深空安全、深地安全、深蓝安全等特别需要深入分析。事实上，深海安全、深空安全、深地安全、深蓝安全都不在国家安全基本构成要素的层次上，不是国家安全的基本领域，也不是国家安全风险的基本领域，而是国家安全不同基本要素下的国家安全次级要素。在此，先以深海和深海安全为例进行分析。

　　从本质上讲，深海就是海洋的深层，在传统国家安全领域或者属于国家领海的构成部分，深海安全是领海安全下的国家安全次级要素；或者属于国际公海的构成部分，深海安全是国际公海安全的内容。由此，就国家安全领域分析，深海安全并不是国家安全新的基本构成要素，而是作为国家安全基本要素之一的领土安全或国土安全之下的内容。在领土安全或国土安全之下，过去一般认为包括领陆安全、领水安全、领空安全、底土安全这四个要素。2004 年出版的《国家安全学》一书，也把这四个要素作为国土安全的四个要素来论述。因为这四个要素都直接居于国土安全之下，所以在把国土安全认定为国家安全基本要素或一级要素的情况下，领陆安全、领水安全、领空安全、底土安全就自然而然地成了国家安全的次级要素，具体来说就是国家安全的二级要素。进一步往下分析，处于领水安全之下的领海安全必然是国家安全的三级要素，而领海安全之下的深海安全便只能是国家安全的四级要素（见图 3-3）。

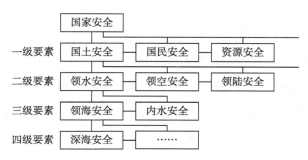

图 3-3　深海安全在国家安全要素体系中的位置

以此类推，由于深空、深地同样是国土概念下的空间，作为国家安全构成要素的深空安全和深地安全，也不会超出国土安全的范围，而只能是国土安全中的国家安全次级要素。

5. 深空安全

由于领空有其严格的空间界限，专指地球表面之上的空气空间，不包括超越空气空间的太空，深空就更不可能被包括在领空之中了，最多只能被认为是太空所包括的内容，因而深空安全便不属于领空安全的范畴，不能放在领空安全概念之下。事实上，深空可以被看作是更遥远的太空，因而可以置于"太空"概念之下。深空安全虽然不是领空安全的组成部分，但依然处于太空安全的范围之中，是太空安全的组成部分。这就涉及近年来国家安全领域讨论的太空安全概念。

在国家诞生之后的相当长的时期内，人类只在陆地生存发展，所以只有领地、领土等概念。近代航海时代的到来，海权成为政治博弈和军事斗争的重要参数，"领海"概念应运而生。在与人类过去早已涉足的江河湖泊等水域问题整合后，"领海"被放入"领水"这样一个外延更大的概念之中。飞机的诞生及其迅速发展，使人类摆脱了地球表面的束缚，开始进入较高的空气空间，同时也使"制空权"和"领空"成为军事斗争和国际关系中的重要概念。在此过程中，"领土"概念超越了陆地，成了一个包括领陆、领水、领空和底土四个基本方面的概念。但是传统政治学和国际政治理论中的领土或国土概念，作为其组成部分的领陆、领水、领空和底土概念，无法把超越空气空间的太空概括进去，而太空和太空安全却日益成为国家间军事政治争夺的新领域，成为国家安全的一个新延伸。为此，就不能不考虑太空和太空安全在国家安全论域中的地位问题。虽然太空与已有的领空不同，现在还不涉及国家主权，但从本质上讲，太空与领空一样，都是国家生存发展的空间问题。因此，太空安全并不是当代国家安全体系中的一个独立的基本要素，而是早已成为国家安全基本要素之一的领土安全或国土安全下的一个新要素，是国土安全的新组成部分，也是国家安全的新要素。因为国土安全是国家安全的一级要素，所以太空安全与以往的领陆安全、领水安全、领空安全、底土安全一样，都是国土安全下的国家安全二级要素。如此一来，作为太空安全组成部分的深空安全，与作为底土安全组成部分的深地安全一样，也是国家安全的三级要素（见图3-4）。

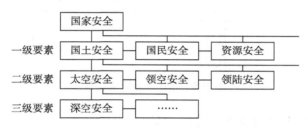

图3-4 深空安全在国家安全要素体系中的位置

6. 深地安全

深地安全相对比较容易界定，可以把它直接放在"底土安全"之下，作为底土安全中的国家安全三级要素（见图3-5）。

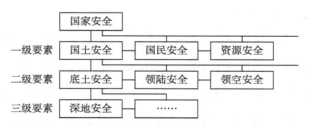

图3-5 深地安全在国家安全要素体系中的位置

事实上，任何一个国家安全基本要素，都可以划分为若干二级要素，也可能在国家安全实践不断拓展和国家安全学理论研究深入的过程上，划分出更多的三级要素、四级要素等。作为国家安全基本构成要素的国土安全，在前面的讨论中就已经形成了一个比较完整的体系结构。对此，可以综合前面的图示进一步分析（见图3-6）。

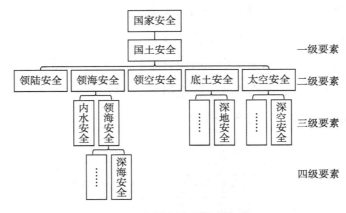

图 3-6　国家安全要素体系

7. 不同划分标准下的海外安全

在说明国家安全本身包括的内容或国家安全本身的构成要素时，不仅不同层次的国家安全要素不宜放在一个序列中陈述，而且不同划分标准下形成的不同概念，也不能放在一个序列中陈述。海外利益安全就是一个不能被直接置于经济安全、军事安全、科技安全、信息安全等之后进行陈述的概念。

当前，海外利益安全已经成为我国国家安全学理论研究和实际工作中使用频率很高的一个概念。近年来，无论在政府文件、法律文本中，还是在学术文献、研究论著中，海外利益安全出现的次数不断增长。同时，在讲到国家安全学理论体系或国家安全体系时，无论是研究人员还普通涉猎者，也常常在原有的政治安全、军事安全、科技安全、信息安全等之后，直接续上海外利益安全，甚至还据此说国家安全从"多少多少个安全"扩展到了"多少多少个安全"。

但是，这种在政治安全、军事安全、科技安全、信息安全等之后直接加上"海外利益安全"的陈述和表达，特别是说国家安全由此在原来安全的基础上又增加了一个新要素，是存在逻辑缺陷的。这是因为，海外利益安全并不是一个与作为国家安全基本构成要素的政治安全、军事安全、科技安全、信息安全等相匹配的概念，不是用同一个标准划分国家安全要素所得出的不同概念。

从本质上看，海外利益安全概念中所包括的"海外"这一概念，并不是与政治、军事、科技、信息等相对应的概念，而是与"海内"相对应的概念。"海外"对应"海内"，即"国内"，"海外利益安全"也只能对应"海内利益安全"，即"国内利益安全"。但是，本书把"海内利益安全"作为"海外利益安全"的标准对应概念来使用，而不把"国内利益安全"作为"海外利益安全"的对应概念来使用。如果要说"国内利益安全"，那么与其严格对应的就只能是"国外利益安全"。既然"海外利益安全"已经成为约定俗成的表述，那么相对应的词也就应该选择"海内利益安全"。

无论如何，当前使用频率不断提升的"海外利益安全"概念，以及与其对应的"海内利益安全"，实际上是根据"国家安全的国内外存在"作为标准对国家安全内容进行划分得到的，而不是与政治安全、军事安全等国家安全基本要素利用同一标准划分出来的概念和要素。因此，在讨论国家安全构成要素时，不能直接把"海外利益安全"加在国家安全的基本要素之后，不能用"政治安全、军事安全……海外利益安全"这样的表述。如果由于海外利益安全越来越重要，需要在表达国家安全内容时既提到传统的政治安全、军事安全等，同时又要提到海外利益安全，那么必须用其他更合逻辑、更妥当的方式来表达，如在讲完上述通常所说的安全要素后，加上"以及与海内利益安全相对的海外利益安全"。

更准确地说，从"国家安全的国内外存在"这一角度划分出来的国家安全一级要素，并不是"海内利益安全"与"海外利益安全"，而是更高层级的"海内安全"与"海外安全"。如果说政治安全、经济安全等是从社会结构角度划分出来的国家安全一级要素，那么海内安全、海外安全则是从"国家安全的国内外存在"这一角度划分出来的国家安全一级要素。在这两个一级要素下，根据人与物的区别，才可能进一步分出与"人的安全"相对应的"利益安全"，即与"海内国民安全"相对应的"海内利益安全"，以及与"海外国民安全"相对应的"海外利益安全"（见图 3-7）。

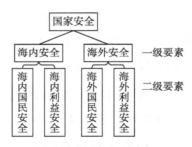

图 3-7　海外安全在国家安全要素体系中的位置

由此可见，"海外利益安全"既不是与政治安全、军事安全等在同一标准下划分出来的不同概念，因而不能直接置于政治安全、军事安全等问题和概念后予以阐述，同时也不是另外标准划分后所得到的国家安全一级要素，而是在"海外安全"下的国家安全二级要素，因而更不能直接置于政治安全、军事安全等问题和概念后了。在讲国家安全问题时，如果涉及"海外利益安全"，就必须先讲它的上位概念"海外安全"。只有在"海外安全"这一概括性更强的国家安全一级要素之下，在与"海外国民安全"相对应的关系中，才能把"海外利益安全"讲得更清楚。更重要的问题是，由于人的安全对于其他安全的至上性，所以在讲海外安全时，同样要把"海外国民安全"置于"海外利益安全"之前之上。

四　四个重要的国际安全理念

1. 习近平关于四个国际安全理念的论述

2014 年 4 月 15 日，习近平在中央国家安全委员会第一次会议上提出"坚持总体国家安全观""走出一条中国特色国家安全道路"时，其具体内容既包括"以人民安全为宗旨""以政治安全为根本""以经济安全为基础""以军事、文化、社会安全为保障"等本国安全内容，也包括"以促进国际安全为依托"这一非常重要的国际安全内容，并且把本国安全与他国安全、国际安全联系起来，强调"既重视自身安全，又重视共同安全，打造命运共同体，推动各方朝着互利互惠、共同安全的目标相向而行。"①

在 2014 年 5 月 21 日亚洲相互协作与信任措施会议第四次峰会上，习近平发表题为《积极树立亚洲安全观，共创安全合作新局面》的主旨讲话时，以"亚洲安全观"的提法，具体阐述了共同安全、综合安全、合作安全、可持续安全四个重要的国际安全理念。他说："应该积极倡导共同、综合、合作、可持续的亚洲安全观，创新安全理念，搭建地区安全和合作新架构，努力走出一条共建、共享、共赢的亚洲安全之路。"②

2015 年 9 月 28 日，习近平出席第七十届联合国大会一般性辩论

① 《习近平关于社会主义社会建设论述摘编》，中央文献出版社，2017，第 171 页。
② 《习近平关于总体国家安全观论述摘编》，中央文献出版社，2018，第 229 页。

并发表题为《携手构建合作共赢新伙伴 同心打造人类命运共同体》的重要讲话，把共同安全、综合安全、合作安全、可持续安全的四个理念，由亚洲推广到全球。他说："我们要营造公道正义、共建共享的安全格局。在经济全球化时代，各国安全相互关联、彼此影响。没有一个国家能凭一己之力谋求自身绝对安全，也没有一个国家可以从别国的动荡中收获稳定。弱肉强食是丛林法则，不是国与国相处之道。穷兵黩武是霸道做法，只能搬起石头砸自己的脚。"① 为此，"我们要摒弃一切形式的冷战思维，树立共同、综合、合作、可持续安全的新观念。我们要充分发挥联合国及其安理会在止战维和方面的核心作用，通过和平解决争端和强制性行动双轨并举，化干戈为玉帛。我们要推动经济和社会领域的国际合作齐头并进，统筹应对传统和非传统安全威胁，防战争祸患于未然"②。

2019 年 6 月 15 日，在杜尚别举行的亚信第五次峰会上，习近平发表题为《携手开创亚洲安全和发展新局面》的讲话，再次重申共同安全、综合安全、合作安全、可持续安全的国际安全观，指出："谋求共同、综合、合作、可持续安全，就是为了实现地区国家整体安全。我们要坚持对话而不对抗、结伴而不结盟，妥善应对各种传统和非传统安全问题，特别是要坚决打击一切形式的恐怖主义。要注重采取各种有效的预防性措施，从根源上防范极端思潮的滋生。要探讨建立符合亚洲特点的地区安全架构，追求普遍安全和共同安全。"③

---

① 《习近平关于总体国家安全观论述摘编》，中央文献出版社，2018，第 240 页。
② 习近平：《习近平在联合国成立 70 周年系列峰会上的讲话》，人民出版社，2015，第 16~17 页。
③ 习近平：《携手开创亚洲安全和发展新局面》，光明网，https://m.gmw.cn/baijia/2019-06/16/32922511.html。

2. 共同安全

作为国际安全理念的共同安全，是国际社会需要确立的安全目标。在 2014 年 5 月第四次亚信峰会上，习近平对此的解释是："共同，就是要尊重和保障每一个国家安全。亚洲多样性特点突出，各国大小、贫富、强弱很不相同，历史文化传统和社会制度千差万别，安全利益和诉求也多种多样。大家共同生活在亚洲这个大家园里，利益交融、安危与共，日益成为一荣俱荣、一损俱损的命运共同体。"①

对此，习近平还指出："安全应该是普遍的。不能一个国家安全而其他国家不安全，一部分国家安全而另一部分国家不安全，更不能牺牲别国安全谋求自身所谓绝对安全。否则，就会像哈萨克斯坦谚语说的那样：'吹灭别人的灯，会烧掉自己的胡子'。"② "安全应该是平等的。各国都有平等参与地区安全事务的权利，也都有维护地区安全的责任。任何国家都不应该谋求垄断地区安全事务，侵害其他国家正当权益。"③ "安全应该是包容的。应该把亚洲多样性和各国的差异性转化为促进地区安全合作的活力和动力，恪守尊重主权、独立和领土完整、互不干涉内政等国际关系基本准则，尊重各国自主选择的社会制度和发展道路，尊重并照顾各方合理安全关切。强化针对第三方的军事同盟不利于维护地区共同安全。"④

3. 综合安全

综合安全，是指当代国家安全的综合性、总体性。无论是就亚洲来说，还是就整个国际社会来说，甚至仅就中国来说，综合安全都是当代复杂多样安全问题的概括。对此，习近平在第四届亚信峰会上

① 《习近平谈治国理政》，外文出版社，2014，第 354 页。
② 《习近平谈治国理政》，外文出版社，2014，第 354~355 页。
③ 《习近平谈治国理政》，外文出版社，2014，第 355 页。
④ 《习近平谈治国理政》，外文出版社，2014，第 355 页。

说："综合，就是要统筹维护传统领域和非传统领域安全。亚洲安全问题极为复杂，既有热点敏感问题又有民族宗教矛盾，恐怖主义、跨国犯罪、环境安全、网络安全、能源资源安全、重大自然灾害等带来的挑战明显上升，传统安全威胁和非传统安全威胁相互交织，安全问题的内涵和外延都在进一步拓展。"①

习近平还指出："我们应该通盘考虑亚洲安全问题的历史经纬和现实状况，多管齐下、综合施策，协调推进地区安全治理。既要着力解决当前突出的地区安全问题，又要统筹谋划如何应对各类潜在的安全威胁，避免头痛医头、脚痛医脚。"②"对恐怖主义、分裂主义、极端主义这'三股势力'，必须采取零容忍态度，加强国际和地区合作，加大打击力度，使本地区人民都能够在安宁祥和的土地上幸福生活。"③

4. 合作安全

合作安全是就安全方式与途径而言的，是指通过合作的方式求得安全。习近平在第四届亚信峰会上对此的说法是："合作，就是要通过对话合作促进各国和本地区安全。有句谚语说得好：'力量不在胳膊上，而在团结上。'要通过坦诚深入的对话沟通，增进战略互信，减少相互猜疑，求同化异、和睦相处。要着眼各国共同安全利益，从低敏感领域入手，积极培育合作应对安全挑战的意识，不断扩大合作领域、创新合作方式，以合作谋和平、以合作促安全。要坚持以和平方式解决争端，反对动辄使用武力或以武力相威胁，反对为一己之私挑起事端、激化矛盾，反对以邻为壑、损人利己。"④

---

① 《习近平谈治国理政》，外文出版社，2014，第355页。
② 《习近平谈治国理政》，外文出版社，2014，第355页。
③ 《习近平谈治国理政》，外文出版社，2014，第355页。
④ 《习近平谈治国理政》，外文出版社，2014，第355~356页。

对于亚洲安全，习近平特别强调："亚洲的事情归根结底要靠亚洲人民来办，亚洲的问题归根结底要靠亚洲人民来处理，亚洲的安全归根结底要靠亚洲人民来维护。亚洲人民有能力、有智慧通过加强合作来实现亚洲和平稳定。"①"亚洲是开放的亚洲。亚洲国家在加强自身合作的同时，要坚定致力于同其他地区国家、其他地区和国际组织的合作，欢迎各方为亚洲安全和合作发挥积极和建设性作用，努力实现双赢、多赢、共赢。"②

5. 可持续安全

可持续安全是可持续发展理念在安全领域的延伸，是面向未来安全的非传统思维方式和非传统理念。对此，习近平认为："可持续，就是要发展和安全并重以实现持久安全。'求木之长者，必固其根本；欲流之远者，必浚其泉源。'发展是安全的基础，安全是发展的条件。贫瘠的土地上长不成和平的大树，连天的烽火中结不出发展的硕果。对亚洲大多数国家来说，发展就是最大安全，也是解决地区安全问题的'总钥匙'。"③

在与发展相结合中认识安全的可持续性，是习近平关于可持续安全观论述的重要特点。他认为："要建造经得起风雨考验的亚洲安全大厦，就应该聚焦发展主题，积极改善民生，缩小贫富差距，不断夯实安全的根基。要推动共同发展和区域一体化进程，努力形成区域经济合作和安全合作良性互动、齐头并进的大好局面，以可持续发展促进可持续安全。"④

---

① 《习近平谈治国理政》，外文出版社，2014，第356页。
② 《习近平谈治国理政》，外文出版社，2014，第356页。
③ 《习近平关于总体国家安全观论述摘编》，中央文献出版社，2018，第231页。
④ 《习近平谈治国理政》，外文出版社，2014，第356页。

五 国家安全领域的五对重要关系

1. 总体国家安全观对"五对重要关系"的强调

2014 年 4 月首次提出总体国家安全观时，习近平在阐述了中国特色国家安全道路后，紧接着用了五个"既重视又重视"的排比句，阐述了当代国家安全领域的五对重要关系，指出："贯彻落实总体国家安全观，必须既重视外部安全，又重视内部安全，对内求发展、求变革、求稳定、建设平安中国，对外求和平、求合作、求共赢、建设和谐世界；既重视国土安全，又重视国民安全，坚持以民为本、以人为本，坚持国家安全一切为了人民、一切依靠人民，真正夯实国家安全的群众基础；既重视传统安全，又重视非传统安全，构建集政治安全、国土安全、军事安全、经济安全、文化安全、社会安全、科技安全、信息安全、生态安全、资源安全、核安全等于一体的国家安全体系；既重视发展问题，又重视安全问题，发展是安全的基础，安全是发展的条件，富国才能强兵，强兵才能卫国；既重视自身安全，又重视共同安全，打造命运共同体，推动各方朝着互利互惠、共同安全的目标相向而行。"① 后来，习近平在不同场合讲到总体国家安全观时，反复强调了处理好这五对关系的重要性。

2012 年 11 月，在党的十九大报告中，习近平进一步把"坚持总体国家安全观"列为坚持与发展中国特色社会主义的十四条基本方略之一，并调整了这五个重要关系的顺序，从国家大战略的高度首先阐明安全与发展的关系，然后再依次论述其他四对关系。他指出：

---

① 《习近平关于总体国家安全观论述摘编》，中央文献出版社，2018，第 4~5 页。

"坚持总体国家安全观。统筹发展和安全，增强忧患意识，做到居安思危，是我们党治国理政的一个重大原则。必须坚持国家利益至上，以人民安全为宗旨，以政治安全为根本，统筹外部安全和内部安全、国土安全和国民安全、传统安全和非传统安全、自身安全和共同安全，完善国家安全制度体系，加强国家安全能力建设，坚决维护国家主权、安全、发展利益。"①

2. 统筹发展和安全

在新中国成立后相当长的一段时间内，从 20 世纪 50 年代到 70 年代中期，我们国家在处理安全与发展这一对重大关系时，一直把安全放在首位，执行了一种"安全压倒发展"大战略，发展一直是围绕安全进行布局的。这种战略布局的形成，既与客观上内外安全形势一直高度紧张相关，也与主要领导人对安全形势的判断和构建相关。一方面，从内外战争中打出来的新中国，面临着内外各方面的安全威胁，先有朝鲜战争和美国对中国的围堵，后是中苏关系破裂后苏联对中国安全的严重威胁，这在客观上让新中国的领导人不得不把国家安全放在首位。另一方面，从内外战争中走出来的一代领导人，对安全问题一直保持高度警惕，对安全形势估计尤为严峻，对外认为"帝国主义亡我之心不死"，强调"要准备打仗""准备打世界大战"，这又进一步强化了安全的紧张形势，构建了一种超级安全威胁。

在改革开放之初，邓小平对国际国内形势有一个简洁明了的判断，那就是：对外"世界大战一时打不起来"②，对内"阶级斗争不是主要矛盾"，因而要抓住机遇，以经济建设为中心，一心一意搞建

---

① 习近平：《决胜全面建成小康社会　夺取新时代中国特色社会主义伟大胜利——在中国共产党第十九次全国代表大会上的报告》，人民出版社，2017，第 24 页。

② 《历史选择了邓小平（70）》，邓小平纪念网，http://cpc.people.com.cn/gb/n1/2018/0727/c69113-30172699.html。

设、求发展。基于这种判断和政策，我国在改革开放 30 多年间，事实上一直执行了一种"发展压倒安全"的大战略。正是这样一种大战略，使我国可以不过高增加国防投资，降低了国家安全消耗，把有限的资金用到经济建设和社会发展上，在 30 多年中取得了巨大的经济社会发展成就，国内生产总值相继超过英国、超过德国、超过日本，成为世界第二。物质财富的增加和丰富，经济利益在世界范围内的扩展，必然形成了许多过去没有的安全问题。

进入新时代以来，我国对国家安全做了紧锣密鼓的布局。设立国家安全委员会、提出总体国家安全观、颁布实施多项国家安全类法律、制定实施国家安全战略、强化国家安全理论建设和宣传教育，反映了以习近平同志为核心的党中央对国家安全的高度重视。这种对国家安全的高度重视的一个重要体现，就是把国家安全提高到与经济社会发展同等重要的地位，强调要既重视发展问题又重视安全问题，要求统筹发展与安全两件大事。

2013 年 11 月，习近平在说明国家安全委员会的成立缘由时指出："当前，我国面临对外维护国家主权、安全、发展利益，对内维护政治安全和社会稳定的双重压力，各种可以预见和难以预见的风险因素明显增多。而我们的安全工作体制机制还不能适应维护国家安全的需要，需要搭建一个强有力的平台统筹国家安全工作。"① 对国家安全形势的这种判断，不仅是对成立国家安全委员会的必要性的阐述，而且也阐明了要将国家安全和经济社会发展置于同等重要地位的原因。

2014 年 4 月提出总体国家安全观时，习近平对国家安全形势作

---

① 《习近平关于总体国家安全观论述摘编》，中央文献出版社，2018，第 3 页。

出了新概括，指出："当前我国国家安全内涵和外延比历史上任何时候都要丰富，时空领域比历史上任何时候都要宽广，内外因素比历史上任何时候都要复杂，必须坚持总体国家安全观"①。

正是由于客观形势的这种变化，安全问题变得越来越突出，甚至影响到了经济安全发展，我国才设立了中央国家安全委员会，习近平才提出了总体国家安全观，我们才要既重视发展问题又重视安全问题，要统筹发展与安全。2014 年 4 月 15 日首次提出总体国家安全观时，习近平就安全与发展的关系指出："既重视发展问题，又重视安全问题，发展是安全的基础，安全是发展的条件，富国才能强兵，强兵才能卫国"②。2017 年 10 月，习近平在党的十九大报告中进一步指出："统筹发展和安全，增强忧患意识，做到居安思危，是我们党治国理政的一个重大原则"③。

3. 统筹外部安全和内部安全

在首次提出总体国家安全观时，习近平强调要处理好的第一对关系，就是外部安全与内部安全的关系，基本思想是要求"既重视外部安全又重视内部安全"④。党的十九大报告虽然从国家大战略的高度，把安全与发展的关系放在了首位，但外部安全与内部安全的关系依然是紧跟"发展与安全关系"之后的重要关系。

在西方世界"冷战"后期开始探索新安全观和新安全治理模式不久，中国学者和政府也在"冷战"结束后特别是 20 世纪 90 年代后期，开始探索一种反映世界趋势并适合自己需求的新安全观，并最

---

① 《习近平关于全面建成小康社会论述摘编》，中央文献出版社，2016，第 143 页。
② 《习近平关于总体国家安全观论述摘编》，中央文献出版社，2018，第 5 页。
③ 习近平：《决胜全面建成小康社会　夺取新时代中国特色社会主义伟大胜利——在中国共产党第十九次全国代表大会上的报告》，人民出版社，2017，第 24 页。
④ 《习近平关于总体国家安全观论述摘编》，中央文献出版社，2018，第 4 页。

终在世纪之交把这种安全观表述为以"互信互利、平等协作"为核心的"新安全观"。但是，由于没有涉及国内安全问题，而国内安全又是国家安全不可或缺的重要方面，所以这种"新安全观"，并不是完整意义上的安全观，只是一种外交观，至多是一种"对外安全观"或"国际安全观"。

与此不同，习近平在中央国家安全委员会第一次会议上的讲话中明确提出："贯彻落实总体国家安全观，必须既重视外部安全，又重视内部安全，对内求发展、求变革、求稳定、建设平安中国，对外求和平、求合作、求共赢、建设和谐世界"①。非常明显，这样的"总体国家安全观"，突破了以往"新安全观"只讲对外安全和国际安全的局限，统一了内外两个方面的安全，更符合"国家安全"概念的本义，也更符合当前我国国家安全的基本形势。

几十年来，在社会经济财富迅速积累的同时，我们的安全问题也在不断积累。在中国迅速发展或崛起的过程中，不仅外面世界对我们的看法变了，我国和外面世界的关系也实实在在变了。多年来一直在说的"中国威胁论"，其实就反映了一些国家及其学者、政客、军人、百姓，对中国迅速发展的不适应。就最重要的中美关系来说，一些人就认为中国这个新兴大国，对美国这个守成大国提出了多方面的新挑战。一方面，中国的发展是不可阻挡的，任何国家也都没有任何理由阻挡；另一方面，中国的发展的确使一些国家感到不安，或者说确实也造成了一些国家不安。在这个过程中，我们过去没有力量做的事，现在有力量做了，对此别人不适应。这就形成了一些新的安全矛盾，有时会成为安全冲突，甚至可能会陷在"安全困境"中恶性循

---

① 《习近平关于总体国家安全观论述摘编》，中央文献出版社，2018，第4~5页。

环。此外，随着越来越多的企业和国民走出国门，在世界各地扎根发展，他们的正当利益和安全需要，我们的国家和政府也应该给予保障，但是如果保障的措施和手段不适当，又会引起新的矛盾和新的安全问题。因此，如何化解越来越多、越来越复杂、越来越严峻的外部矛盾，走出"安全困境"的恶性循环，打破国际上对我国发展的担心，以及消除某些不适当的限制，甚至是某些自以为是的制裁和围堵，适时、适度、适当、有效地保护国家、企业和国民在整个世界上的利益和安全，这些年已经逐渐成为中国领导人不能不深入思考和仔细谋划的事。这可以说是总体国家安全观提出的国际背景或外部因素。

与外部问题比较起来，国内社会、经济、政治甚至军事等领域的问题，对国家安全的影响多年来不断加剧，严重威胁和危害着整个国家的安全。这些问题发展到今天，需要国家采取更强有力的措施从根本上解决。开展党的群众路线教育实践活动，严厉打击党政军各阶层的贪污腐败，就是新一代领导采取的比较有力也初见成效的措施；设立国家安全委员会，提出总体国家安全观，制定实施国家安全战略，推进国家安全法治建设，如此等等，也是新一代领导在治国安邦上采取的有力措施。

根据具有中国特色的国家安全学理论，国家安全是指一个国家处于没有危险的客观状态，也就是国家既没有外部的威胁和侵害也没有内部的混乱和疾患的客观状态。只有既免除外部威胁和侵害，又免除内部混乱和疾患，才能实现真正的国家安全。当前我国的国家安全形势，"内外因素比历史上任何时候都要复杂"，可以说是内忧外患并存，内忧甚于外患，因而讲国家安全时，就不能只讲外部安全或对外安全问题，而必须更重视内部安全或对内安全问题。因此，习近平在讲到"贯彻落实总体国家安全观"时，首先要求"必须既重视外部安全，又重视内部安全"，这体现了统一考虑外部安全和内部安全两个方面的重要思想，对认清我国当前国家安全形势、有效进行国家安全治理具有重要意义。

4. 统筹国土安全和国民安全

2014 年首次提出总体国家安全观时，习近平在关于"既重视国土安全又重视国民安全"一段论述中，对国土安全没有任何具体阐述，只对国民安全作了党和政府历史上从来没有过的重点阐发，要求"坚持以民为本、以人为本，坚持国家安全一切为了人民、一切依靠人民，真正夯实国家安全的群众基础"[1]。这一点，真正体现了中国特色国家安全道路把人民安全置于首位、强调"以人民安全为宗旨"的国家安全核心价值观。

总体国家安全观"以人民安全为宗旨"的核心价值观，是在为当代中国国家安全立心，是当代中国国家安全的总纲领。在与政治安全、经济安全、军事安全、文化安全、社会安全、国土安全等关系中讲人民安全、国民安全，强调"以民为本、以人为本"，对接了中国传统文化及整个人类文明，指出了民与官关系中民的本原性，以及人与物关系中人的核心性；"国家安全一切为了人民"的命题，不仅进一步表达了人民安全或国民安全在国家安全构成要素中的核心性，以及在国家安全活动中的终极目的性，而且更强调了人民群众在整个国家安全体系中的主体性；国家安全"一切依靠人民"，则继承了中国共产党群众路线的传统，蕴含了"从群众中来到群众中去"的国家安全工作方针；"真正夯实国家安全的群众基础"[2] 一句出现在本段讲话最后，无疑是对贯彻落实前述国家安全工作纲领、指导思想和方

---

[1] 《习近平关于总体国家安全观论述摘编》，中央文献出版社，2018，第 5 页。
[2] 《习近平关于总体国家安全观论述摘编》，中央文献出版社，2018，第 5 页。

针政策后必然获得群众信任的自信，也是对整个国家安全工作必须奠定在民心基础上的总体要求。此后，在不同场合、针对不同问题，习近平反复强调人民安全、国民安全在国家安全中的宗旨性、目的性的重要地位。

2016 年 4 月 15 日，在首个全民国家安全教育日到来之际，习近平强调："要坚持国家安全一切为了人民、一切依靠人民，动员全党全社会共同努力，汇聚起维护国家安全的强大力量，夯实国家安全的社会基础，防范化解各类安全风险，不断提高人民群众的安全感、幸福感。"①

2017 年 2 月 17 日，在国家安全工作座谈会上，习近平不仅再次重申"以人民安全为宗旨"的国家安全核心价值观，要求"牢固树立和认真贯彻总体国家安全观，以人民安全为宗旨，走中国特色国家安全道路"，"坚持国家安全一切为了人民、一切依靠人民"，而且进一步深化和发展了"以人民安全为宗旨"的国家安全核心价值观，特别强调"国家安全工作归根结底是保障人民利益"，要"为群众安居乐业提供坚强保障"。②

2017 年 10 月 18 日，在党的十九大上，习近平不仅在将总体国家安全观列为坚持与发展中国特色社会主义十四条基本方略时，强调了统筹国土安全和国民安全，而且还从社会主要矛盾转化的角度，把"安全"作为人民群众美好生活需要之一提了出来，从而强化了国家安全与人民群众美好生活的密切联系，强化了国家安全工作必须以人民安全为宗旨、必须保障人民利益和安全的根本要求。在指出"中国特色社会主义进入新时代，我国社会主要矛盾已经转化为人民日益

---

① 《习近平关于总体国家安全观论述摘编》，中央文献出版社，2018，第 10~11 页。
② 《习近平关于总体国家安全观论述摘编》，中央文献出版社，2018，第 11 页。

增长的美好生活需要和不平衡不充分的发展之间的矛盾"之后，习近平接着指出："我国稳定解决了十几亿人的温饱问题，总体上实现小康，不久将全面建成小康社会，人民美好生活需要日益广泛，不仅对物质文化生活提出了更高要求，而且在民主、法治、公平、正义、安全、环境等方面的要求日益增长。"①

在安全需要成为人民美好生活的基本需要的今天，保障人民群众的安全需要，就成了我国国家安全工作的一项重大任务，一项根本任务。

在 2020 年疫情发生后，习近平反复强调，要"把人民生命安全和身体健康放在第一位"②。这正是总体国家安全观"以人民安全为宗旨"价值理念的具体体现。

5. 统筹传统安全和非传统安全

传统安全与非传统安全，是对国家安全问题的一种当代分类。"传统安全"是因为"非传统安全"概念的出现才成为一个与其相对应的概念被确立的。

所谓"非传统安全"，笼统来说是指从"冷战"后期人们开始关注和研究的一些新的安全问题，如环境安全问题、技术安全问题、信息安全问题、跨国犯罪问题、恐怖主义问题等。与此相对应，所谓的"传统安全"则是指非传统安全问题出现之前就存在或者就广受重视和关注的安全问题，如领土安全问题、军事安全问题、政治安全问题等。

"非传统安全"概念和理论虽然较好地概括了新近出现的各种安

① 习近平：《决胜全面建成小康社会　夺取新时代中国特色社会主义伟大胜利——在中国共产党第十九次全国代表大会上的报告》，人民出版社，2017，第 11 页。
② 《十九大以来重要文献选编》（中），中央文献出版社，2021，第 547 页。

全问题，也使数千年来一直存在的各种安全问题可以被归为"传统安全"，但"传统安全"与"非传统安全"的界限非常模糊，难以明确区分。在非传统安全概念和理论中，环境安全、生态安全、文化安全、信息安全及恐怖主义、跨国犯罪、核泄漏等得到了深入研究，但这些问题难道都是非传统安全问题吗？它们在"冷战"后期之前就完全不存在吗？在国家产生后的几千年中都不存在吗？事实上，生态安全问题、环境安全问题、文化安全问题，以及跨国犯罪、毒品走私等，在人类社会中早已存在了，只不过是过去的规模没有今天这样大，对社会及国家的危害也没有今天这样大。还有经济安全、科技安全、国民安全等，究竟是非传统安全问题还是传统安全问题，也难以给出明确而科学的答案。

正是因为"传统安全"与"非传统安全"在当前国家安全领域是非常重要的两个概念，但落实到具体安全要素和问题上又难以完全清楚地区分开来，因而习近平提出总体国家安全观，在强调"既重视传统安全又重视非传统安全"时，并没有像论述其他安全关系时那样分别论述传统安全和非传统安全，没有指出传统安全方面要重视什么，非传统安全方面又要重视什么，而是强调要构建集各种方面安全于一体的国家安全体系。

6. 统筹自身安全和共同安全

几千年来，许多国家讲到安全问题，都会把自己国家的安全与其他国家的安全对立起来，认为要保障自己国家的安全，就必须让其他国家不安全，其他国家不安全自己国家才能更安全。

与此不同，在"冷战"后期兴起的各种非传统安全理论中，有一种不同于以往的"共同安全"理论，强调一个国家不仅要保障自身安全，还要兼顾其他国家安全，最终实现全人类的共同安全。

习近平提出总体国家安全观时，吸纳了国际社会上早已出现的"共同安全"这一非传统安全理念，并把其纳入中国特色的"人类命运共同体"概念体系中，强调"既重视自身安全，又重视共同安全，打造命运共同体，推动各方朝着互利互惠、共同安全的目标相向而行"①。

第二节　总体国家安全观的基本特征

习近平提出的总体国家安全观，不仅具有丰富的内容，而且具有旗帜鲜明的人民性、统筹全局的总体性、兼收并蓄的兼容性、思维方式的非传统性、指导现实的实践性和与时俱进的开放性六个基本特征。

一　旗帜鲜明的人民性

在 2014 年 4 月 15 日提出总体国家安全观时，习近平首先指出："必须坚持总体国家安全观，以人民安全为宗旨，以政治安全为根本，以经济安全为基础，以军事、文化、社会安全为保障，以促进国际安全为依托，走出一条中国特色国家安全道路。"② 这段关于中国特色国家安全道路的重要论述，把"人民安全"定性为国家安全工作的"宗旨"，并置于政治安全、经济安全、军事安全、文化安全、社会安全等众多国家安全基本要素之前，从而明确了国家安全和国家安全工作"为人民服务"的根本目的。

其次，在讲到总体国家安全观五对重要关系中的第二对关系时，

① 《习近平关于总体国家安全观论述摘编》，中央文献出版社，2018，第 5 页。
② 《习近平关于总体国家安全观论述摘编》，中央文献出版社，2018，第 4 页。

习近平强调，要"既重视国土安全，又重视国民安全，坚持以民为本、以人为本，坚持国家安全一切为了人民、一切依靠人民，真正夯实国家安全的群众基础"①。这段论述虽然是讲国土安全与国民安全的关系，要求"既重视国土安全，又重视国民安全"，但对于如何重视国土安全并没有具体分析，对如何重视国民安全则作了非常重要的论述，既继承了中国传统文化中的"民本主义"，要求国家安全工作坚持"以民为本"，又吸纳了欧洲文艺复兴时期兴起的"人本主义"，要求国家安全工作坚持"以人为本"，特别是站在马克思主义唯物史观的群众立场和毛泽东思想的群众路线上，要求"坚持国家安全一切为了人民、一切依靠人民，真正夯实国家安全的群众基础"②。由此可见，这段论述明面上讲的是国土安全与国民安全的关系，实质涉及的是国家安全领域物与人的关系，强调的是人在国家安全体系中对于物的优先性、至上性，确立了人民安全、国民安全、人安全在整个国家安全工作中的宗旨地位、核心地位、首要地位，旗帜鲜明地彰显出总体国家安全观的人民性。

后来，无论是在国内场合还是在国际场合，也无论是讲传统安全问题还是讲非传统安全问题，只要涉及国家安全，特别是只要涉及总体国家安全观，习近平都会强调关于中国特色国家安全道路论述中确立的"以人民安全为宗旨"的基本立场和观点。更重要的是，在2017年2月召开的国家安全工作座谈会上，习近平进一步明确指出："国家安全工作归根结底是保障人民利益，要坚持国家安全一切为了人民、一切依靠人民，为群众安居乐业提供坚强保障"③。

---

① 《习近平关于总体国家安全观论述摘编》，中央文献出版社，2018，第5页。
② 《习近平关于总体国家安全观论述摘编》，中央文献出版社，2018，第5页。
③ 《习近平关于总体国家安全观论述摘编》，中央文献出版社，2018，第11页。

总体国家安全观的内容非常丰富，但只有"以人民安全为宗旨"的国家安全核心价值观，才是总体国家安全观的第一要义，是学习研究总体国家安全观时需要首先把握的基本内容和重要特征。在国家诞生后数千年的人类文明史上，统治者把国家安全神圣化，神圣为上层的安全，神圣为庙堂的安全，神圣为统治者自己的安全，而且只有肉食者的上层才有国家安全的话语权。与此不同，在"以人民安全为宗旨"的总体国家安全理论体系中，神圣的国家安全得以世俗化、民间化、平民化、人民化，使高高在上的国家安全回到普通人的生活中，回归为每一个普通公民的安全，回归为每一个普通公民的生活安全，并使每一个公民都有不可剥夺的国家安全话语权。这种以人民安全、人民利益、人民安居乐业为最高价值取向的"人民安全观"，正是马克思主义的群众史观和中国共产党的群众路线在国家安全领域的鲜明呈现，是中国共产党奉行的"全心全意为人民服务"宗旨在国家安全领域的深入贯彻，是习近平新时代中国特色社会主义思想"以人民为中心"发展理念的具体落实，是《中华人民共和国宪法》"一切权力属于人民"根本性制度在国家安全领域的生动体现。

二　统筹全局的总体性

总体国家安全观的人民性，只有通过深入分析其内容才能真正把握，而其总体性，则直接体现在"总体国家安全观"这一理论的名称上。总体国家安全观之所以用"总体"命名，就是要把一个国家涉及的不同领域、不同方面、不同层级的安全问题全部统合到这一全新理论中。

在人类思想史上，"国家安全"一词20世纪才真正出现，科学对待并深入研究"国家安全"概念的学术论著更为罕见。在没有严格定义的情况下,"国家安全"常常被人们下意识地理解为一个国家的领土、主权、军事、政治等方面的安全,甚至被有意无意地作为间谍情报工作的掩护名称,而名副其实的"国家安全"长期得不到科学界定。

与上述情况不同,在总体国家安全理论体系中,"国家安全"概念既不局限于领土、主权、政治、军事等传统安全领域,也没有作为隐蔽战线间谍情报工作的代名词,而是一个远远超越各方面传统安全问题的名副其实的总体性国家安全。总体国家安全观"既重视外部安全又重视内部安全,既重视国土安全又重视国民安全,既重视传统安全又重视非传统安全",这便使"国家安全"概念指涉对象成为一个既包括外部安全也包括内部安全、既包括国土安全也包括国民安全、既包括传统安全也包括非传统安全的总体性概念,从而在概念上体现出了总体国家安全观的总体性。

对此,习近平在2017年2月国家安全工作座谈会上不仅明确指出"国家安全涵盖领域十分广泛",而且在讲了"要突出抓好政治安全、经济安全、国土安全、社会安全、网络安全等各方面安全工作",以及"要完善立体化社会治安防控体系,提高社会治理整体水平,注意从源头上排查化解矛盾纠纷"之后,还要求"加强交通运输、消防、危险化学品等重点领域安全生产治理,遏制重特大事故的发生"[1]。由此,交通、消防、危险化学品等领域的生产安全问题,就被明确置于当代国家安全体系之中,成为"国家安全"概念涵盖的非传统安全方面的内容。

---

① 《习近平关于总体国家安全观论述摘编》,中央文献出版社,2018,第12页。

根据总体国家安全观的这种总体性，从范围和边界来看，国家安全就是一个国家所有国民、所有领域、所有方面、所有层级安全的总和。传统安全观和传统安全思维关注的安全，如政治安全、军事安全、国土安全、主权安全等，属于国家安全，非传统安全观和非传统安全思维揭示出来的安全，如文化安全、经济安全、生态安全、科技安全、信息安全等，特别是国民安全，即人安全，也属于国家安全，而且这些国家安全基本要素下的更多不同层级的次级要素，如国土安全下的底土安全、深地安全，经济安全下的金融安全、农业安全、粮食安全、生产安全、交通安全、食品药品安全等，也都属于国家安全。这也就是说，国土安全是国家安全，资源安全也是国家安全；主权安全是国家安全，人权安全更是国家安全；政治领域的安全是国家安全，经济领域的安全也是国家安全；军事领域的安全是国家安全，文化领域的安全也是国家安全；上层的安全是国家安全，下层的安全也是国家安全；国家安全有大事，国家安全也有小事……

更重要的是，国家安全体系涉及的国家安全问题，不仅仅是国家安全本身及其构成要素，同时还包括影响国家安全的因素、威胁危害国家安全的因素和国家安全保障问题等，是由多方面问题构成的一个社会大系统、大体系。这就是习近平在中央政治局第二十六次集体学习时所讲的"大安全"①。这样理解国家安全概念，理解国家安全问题，理解国家安全体系，不是国家安全概念的泛化，也不是国家安全问题的扩大，而是国家安全概念的回归，回归到国家安全现实的本来面貌，回归到"国家安全"概念的科学含义。

---

① 《习近平谈治国理政》第 4 卷，人民出版社，2022，第 389 页。

三　兼收并蓄的兼容性

总体国家安全观是我国国家安全形势和整个人类社会发展到当今时代的必然产物，是为了应对日益复杂严峻的国家安全问题及国际安全问题而诞生的新型安全理论。但是，罗马不是一天建成的，总体国家安全观的丰富内容也不是突然成形的，而是在传承吸收人类文明史上古今中外各种优秀思想特别是优秀安全思想的基础上形成的，兼容并包了古今中外各种优秀思想和优秀安全思想。

首先，总体国家安全观继承了马克思主义毛泽东思想的基本立场、观点和方法，充分体现了辩证唯物主义和历史唯物主义的辩证思维、系统思维和群众立场。如前所述，总体国家安全观强调国家安全"以人民安全为宗旨"，强调"国家安全工作归根结底是保障人民利益"，是马克思主义的群众史观和毛泽东思想的群众路线在国家安全领域的鲜明呈现，是中国共产党奉行的"全心全意为人民服务"宗旨在国家安全领域的贯彻落实。此外，总体国家安全观强调国家安全问题的系统性、总体性，强调运用系统思维构建大安全格局，都是马克思主义哲学辩证思维的具体体现。

其次，总体国家安全观"以民为本"的思想观点，继承吸纳并发扬了我国数千年文明史上的民本主义传统。"以民为本"的民本主义在中国历史上源远流长。自孟子提出"民为贵，社稷次之，君为轻"观点以来，虽然"民贵君轻"观念长期只是一种丰满的理想，却不断激励着中华优秀儿女为民请命，为民拼命。诞生于国家内忧外患不断、百姓生活水深火热之旧时代的中国共产党，在坚持马克思主义平民立场的同时，也继承发扬了中国传统文化中的民本思想，努力为人民群众争取平等的社会地位和当家作主的政治地位。总体国家安全观强调国家安全工作要"以民为本",无疑是对中国传统文化民本主义思想的继承、吸纳和弘扬。

最后,总体国家安全观也吸纳了近代以来特别是冷战后期在西方出现的相关思想。总体国家安全观在强调"以民为本"的同时,也强调国家安全要"以人为本"。如果说"以民为本"是总体国家安全观对中国传统民本主义的吸纳,那么"以人为本"则是总体国家安全观对西方近代文艺复兴时期形成的人本主义的吸纳。不仅如此,总体国家安全观还广泛吸纳、发挥和深化了冷战后期在西方不同国家开始出现的"共同安全""综合安全""合作安全"等非传统安全理念,使其成为总体国家安全观丰富内容中不可分割的有机组成部分。

与此同时,我国学者20多年的国家安全理论研究成果,特别是国家安全学学科的建设成果,也是总体国家安全观吸纳和采用的优秀安全思想。在国家安全学理论研究中,学者提出的系统国家安全观、国家安全理论体系、国家安全要素体系,以及"国民安全是国家安全的核心"等观点,还有"可持续安全""有效安全"等概念,都不同程度地被吸纳到总体国家安全观的理论体系中,成为总体国家安全观的有机组成部分。

四 思维方式的非传统性

当今人们讲的非传统安全观、非传统安全理论、非传统安全研究等,都源于对环境、资源、人口、毒品、气候、金融、跨国犯罪、恐怖主义、大规模杀伤性武器扩散等方面安全问题的关注、认识和研究。这些问题在西方学界被称为"非传统安全问题",关注和研究这些非传统安全问题的学说和理论通常被称作"非传统安全观""非传统安全理论""非传统安全研究"等。

　　然而重要的是，关注、重视和研究各种非传统的安全问题是一回事，如何关注、重视和研究这些非传统的安全问题是另一回事。在认识和研究各种非传统安全问题时，如果与以往处理政治军事安全问题一样，在思维方式和方法上依然把军事对抗、武装冲突、战争手段作为首要选项或主要选项，试图通过简单的军事和战争手段来解决环境、资源、气候、人口、金融、恐怖主义、跨国犯罪等非传统安全问题，那么这样的思想、观念、理论和研究，虽然在对象和内容上是非传统的，但在理论品格上依然是传统的，是传统的安全观和传统的安全理论。

　　这就是说，虽然"非传统安全观"这一术语源于认识对象和理论内容的非传统性，最初表征了对各种非传统安全问题的关注和研究，是关于各种非传统安全问题的观点和理论，但是在理论和实践的发展进程中，"非传统安全观"这个概念的重心发生了转移，逐渐从指涉对象的非传统性转移到研究范式和思维方式的非传统性上，重点不再是研究对象和理论内容的非传统性，而是研究范式和思维方式的非传统性，是用非传统的思维方式和范式分析和解决各种非传统安全问题以及各种传统安全问题的观点和理论。总体国家安全观的非传统性，重心并不在于它强调既重视传统安全又重视非传统安全，也不在于它的对象和内容包括了大量非传统安全问题，而在于它的思维方式是非传统的。

　　总体国家安全观在思想来源上兼收并蓄，吸纳了古今中外各种优秀思想；在内容上既包括各种传统安全问题也包括各种非传统安全问题，是统筹传统安全问题与非传统安全问题的总体性国家安全理论。

但是总体国家安全观并没有因此成为兼有传统性与非传统性两种不同特征的国家安全观，更没有停留在各种传统认识和观念的层次上，而是一种超越传统性且具有鲜明非传统性的非传统国家安全观。这就是说，总体国家安全观虽然在内容上包括传统与非传统两方面的国家安全问题，但其思维方式是对传统安全观的否定与超越，是非传统的安全思维方式，是用非传统的安全思维方式认识、解释和解决各种传统的和非传统的国家安全问题的新理论。这就使总体国家安全观具备了明显的非传统特征。

总体国家安全观思维方式的非传统性，首先就表现在它把人民安全和人民利益置于至高无上的地位上，其次则在于从人民安全和人民利益这一国家安全元价值出发定位国家安全的其他要素，分析影响和威胁危害国家安全的各种因素，选择保障国家安全或国家安全法理的方式方法和措施手段。习近平在论述总体国家安全观时强调的人类命运共同体思想、共同安全目标、综合安全内容、合作安全方式、可持续安全思路，以及后来陆续出现的"相对安全""有效安全""系统思维"等概念，都从不同方面体现了总体国家安全观思维方式的非传统性。

五　指导现实的实践性

总体国家安全观是对当前我国国家安全现实的反映，也是指导我国国家安全实践的科学理论。早在 2018 年 4 月召开的十九届中央国家安全委员会第一次会议上，习近平就总结指出："中央国家安全委员会成立 4 年来，坚持党的全面领导，按照总体国家安全观的要求，初步构建了国家安全体系主体框架，形成了国家安全理论体系，完善了国家安全战略体系，建立了国家安全工作协调机制，解决了许多长期想解决而没有解决的难题，办成了许多过去想办而没有办成的大事，国家安全工作得到全面加强，牢牢掌握了维护国家安全的全局性主动。"①

近年来，在总体国家安全观的指导下，我国总体性国家安全制度体系不断完善，总体性国家安全法治体系逐渐健全，总体性国家安全方略谋划得以确立，总体性国家安全治理进展显著，总体性国家安全教育成果突出。

党的十八大之前，中央国家安全领导小组与中央外事领导小组两块牌子同一机构，要领导或指导既包括外部安全又包括内部安全的总体性国家安全工作难免受限，"以互信互利平等协作为核心的新安全观"也只是一种对外安全观，没有把更重要的内部安全问题概括其中。为此，2013 年底召开的党的十八届三中全会作出了"设立国家安全委员会"的决定，2014 年 1 月中央国家安全委员会正式成立，紧接着 2014 年 4 月 15 日召开中央国家安全委员会第一次会议，习近平在会上提出既包括外部安全又包括内部安全的总体国家安全观。尽管总体国家安全观提出在中央国家安全委员会设立之后，但中央国家安全委员会的设立不仅显示出新一届中央领导具有总体性国家安全思维，而且正是在总体性国家安全思维的指导下才会有中央国家安全委员会的设立。总体国家安全观提出之后，中央国家安全委员会及其办公室以总体国家安全观为指导开展工作，迅速编撰出版了《总体国家安全观干部读本》。随后，在各级地方党委国家安全委员会设立、国防与军队改革、党和国家机构改革等涉及国家安全制度体

---

① 《习近平谈治国理政》第 3 卷，外文出版社，2020，第 217 页。

系完善的工作中，都很好地体现了总体国家安全观对我国国家安全工作的全面指导作用。

早在 1993 年，我国就颁布了一部《国家安全法》，但这部法律名不副实，名为"国家安全"，实为"反间谍侦查"，如果按照总体国家安全观来衡量，这部法律远远不够"总体"。为此，根据习近平"推进国家安全法治"的要求，在总体国家安全观指导下，1993 年的《国家安全法》在 2014 年 11 月被修订为《反间谍法》，并且在 2015 年 7 月 1 日颁布实施了一部名副其实的总体性《国家安全法》。近年来，在总体国家安全观指导下，我国国家安全立法工作迅速向前推进，《反恐怖主义法》《境外非政府组织境内活动管理法》《网络安全法》《国家情报法》《反间谍法实施细则》《香港特区维护国家安全法》《生物安全法》等一系列国家安全类法律法规不断出台，总体性国家安全法律体系逐渐成形，法治国家安全的局面初步成为现实。

与 20 世纪 50 年代就开始不断推出"五年计划"等发展战略文本不同，我国长期没有一个系统的国家安全战略文本。对此，学界政界早有反响，认为要应对国家安全领域的各种风险、保障国家安全，必须出台完整系统的国家安全战略文本。总体国家安全观提出之后，在总体国家安全观的指导下，相关职能部门着手制定中国国家安全战略，形成国家安全战略文本。2015 年 1 月，中央政治局审议通过了我国第一个国家安全战略文本——《国家安全战略纲要》，强调新形势下维护国家安全必须坚持以总体国家安全观为指导，坚决维护国家核心和重大利益，以人民安全为宗旨，在发展和改革开放中促安全，走中国特色国家安全道路，这就为在新形势下全面保障国家安全提供了强有力的战略支撑。

我国的国家安全宣传教育由来已久，但以往的宣传教育内容多局限于保密和反间谍等传统安全领域。与此不同，总体国家安全观提出之后，在其指导下，我国国家安全宣传教育面貌焕然一新，内容由保密与反间谍扩展到了更广泛的领域。根据新《国家安全法》的规定，近年来不但全民国家安全教育不断向纵深发展，而且针对国民教育体系和公务员教育培训体系的国家安全教育制度也日益完善，国家安全学专业教育也已提上教育行政主管部门和一些高校的议事日程，有的高校前几年就在研究生和博士生培养层次上自设了国家安全学专业。在总体国家安全观指导下，我国国家安全通识教育和专业教育情况大为改观，新思路新措施不断推出，取得了前所未有的新成绩。

六　与时俱进的开放性

总体国家安全观是在国际国内形势发生新变化、经济社会发展进入新阶段、国家安全面临众多新挑战的时代背景下，在充分吸纳古今中外相关优秀文化和安全思想、继承新中国历代领导集体治国理政经验的基础上，于 2014 年由习近平首次提出的。总体国家安全观的提出，标志着党和政府对国家安全的认识进入了一个新阶段，但这绝不是国家安全认识的终点，而是国家安全认识的一个新起点。总体国家安全观提出之后，在国内外形势不断变化、国家安全认识不断深化的情况下，习近平一直在不断发展和丰富着总体国家安全观。

总体国家安全观提出后仅仅 10 天，中共中央政治局就在 4 月 25 日举行了以"切实维护国家安全和社会安定"为主题的第十四次集体学习。在这次集体学习中，习近平指出："新形势下我国国家安全和社会安定面临的威胁和挑战增多，特别是各种威胁和挑战联动效应明显。我们必须保持清醒头脑、强化底线思维，有效防范、管理、处理国家安全风险，有力应对、处置、化解社会安定挑战"①。为此，习近平强调："各地区各部门要贯彻总体国家安全观，准确把握我国国家安全形势变化新特点新趋势，坚持既重视外部安全又重视内部安全、既重视国土安全又重视国民安全、既重视传统安全又重视非传统安全、既重视发展问题又重视安全问题、既重视自身安全又重视共同安全，切实做好国家安全各项工作。"② 正是在这次集体学习中，习近平对作为总体国家安全观重要组成部分的社会安全问题作了特别论述，指出"维护国家安全，必须做好维护社会和谐稳定工作，做好预防化解社会矛盾工作，从制度、机制、政策、工作上积极推动社会矛盾预防化解工作。要增强发展的全面性、协调性、可持续性，加强保障和改善民生工作，从源头上预防和减少社会矛盾的产生。要以促进社会公平正义、增进人民福祉为出发点和落脚点，加大协调各方面利益关系的力度，推动发展成果更多更公平惠及全体人民。要完善和落实维护群众合法权益的体制机制，完善和落实社会稳定风险评估机制，预防和减少利益冲突。要全面推进依法治国，更好维护人民群众合法权益。对各类社会矛盾，要引导群众通过法律程序、运用法律手段解决，推动形成办事依法、遇事找法、解决问题用法、化解矛盾靠法的良好环境"③。

此后，习近平更是在不同场合，根据国家安全涉及的不同问题，从不同角度、不同层面、不同领域不断拓展和深化着总体国家安全观。在 2017 年 2 月召开的国家安全工作座谈会上，习近平指出"国家安全涵盖领域十分广泛"④，甚至把社会治安以及交通运输、消防、

---

① 《习近平关于总体国家安全观论述摘编》，中央文献出版社，2018，第 6 页。
② 《习近平关于总体国家安全观论述摘编》，中央文献出版社，2018，第 7 页。
③ 《习近平关于总体国家安全观论述摘编》，中央文献出版社，2018，第 137 页。
④ 《习近平关于总体国家安全观论述摘编》，中央文献出版社，2018，第 11 页。

危险化学品等也纳入国家安全领域，要求"完善立体化社会治安防控体系，提高社会治理整体水平，注意从源头上排查化解矛盾纠纷"，要求"加强交通运输、消防、危险化学品等重点领域安全生产治理，遏制重特大事故的发生"。① 这一论述进一步扩大了国家安全的范围，使"国家安全"成了一个真正与"国家发展"相对应的概念，达到了"国家安全"应有也是本有的科学边界，最终指向一个国家所有方面、所有领域、所有层次的安全问题，从而为确立"统筹发展和安全"的国家大战略提供了一个科学概念。"国家安全"概念如果不是一个国家所有领域、所有方面、所有层级安全问题的总和，如果没有把交通、消防、危险化学品等领域的安全问题包纳进来，那么它就不是一个能与"国家发展"相匹配的概念，也就不是"统筹发展和安全"大战略中的"安全"概念，这不仅会造成国家安全理论与实践中"国家安全"概念的不一致和混乱，无法通过系统思维构建真正的"大安全"格局，而且会动摇"统筹发展和安全"大战略的理论基础，使"统筹发展和安全"的国家大战略失去科学根基。

对总体国家安全观的发展更具里程碑意义的，则是习近平 2017 年 10 月 18 日在党的十九大报告中将"坚持总体国家安全观"上升为新时代坚持与发展中国特色社会主义的基本方略之一，强调"统筹发展和安全，增强忧患意识，做到居安思危，是我们党治国理政的一个重大原则"，更强调"必须坚持国家利益至上，以人民安全为宗旨，以政治安全为根本，统筹外部安全和内部安全、国土安全和国民安全、传统安全和非传统安全、自身安全和共同安全，完善国家安全

① 《习近平关于总体国家安全观论述摘编》，中央文献出版社，2018，第 12 页。

制度体系，加强国家安全能力建设，坚决维护国家主权、安全、发展利益"。① 此外还必须注意的是，党的十九大报告在论及整个国家安全问题时，导引语用了"有效维护国家安全"这样一个新提法。虽然这个提法在党的十九大报告中没有得到具体深入的阐述，但其包含的"有效安全"思维则是一个需要重视和研究的理论问题和现实问题。

在总体国家安全观与时俱进的发展中，2020 年更是一个重要年份。2020 年开年的疫情是对总体国家安全观的一次重要的实践检验；2020 年 12 月 11 日中央政治局就以切实做好国家安全工作为主题进行集体学习，从多方面发展和丰富了总体国家安全观。2020 年抗击疫情的过程中，习近平反复强调，要把人民生命安全和身体健康放在第一位，使总体国家安全观"以人民安全为宗旨"的国家安全核心价值观得到具体落实和彰显。习近平还指出："做好新时代国家安全工作，要坚持总体国家安全观，抓住和用好我国发展的重要战略机遇期，把国家安全贯穿到党和国家工作各方面全过程，同经济社会发展一起谋划、一起部署，坚持系统思维，构建大安全格局，促进国际安全和世界和平，为建设社会主义现代化国家提供坚强保障。"②

这一论述不仅从"统筹发展和安全"的大战略高度要求"同经济社会发展一起谋划、一起部署"国家安全工作，而且强调在国家安全领域要"坚持系统思维，构建大安全格局"，从而再次从科学理论上把"国家安全"概念定位为一个与国家发展相对应、相匹配的"大安全"概念，进一步强化了能够统筹传统安全与非传统安全的"国家安全"科学概念。与此同时，习近平还就贯彻总体国家安全观

---

① 习近平：《决胜全面建成小康社会 夺取新时代中国特色社会主义伟大胜利——在中国共产党第十九次全国代表大会上的报告》，人民出版社，2017，第 24 页。
② 《习近平谈治国理政》第 4 卷，外文出版社，2022，第 389 页。

提出了 10 点具体要求。

习近平对总体国家安全观的不断丰富发展，当然不止于上述内容。在"学习强国"网站上，有一个"习近平论坚持总体国家安全观"的栏目，按照年度和时间顺序汇集了习近平关于国家安全的各种论述，从中可以更多地看到他对总体国家安全观的丰富和发展。

第四章 主要国家安全观的演变
及跨国比较分析

前面两章已经具体介绍了中国国家安全观的形成过程以及总体国家安全观的主要内容特征，本章将着力于展现中国之外其他主要国家的国家安全观的演变历程，包括日本、英国、美国、俄罗斯、澳大利亚等，并在既定框架之下展开跨国国家安全观的比较分析，以此把握主要国家安全观的发展趋势，为我国国家安全战略的制定提供借鉴。

第一节 国家安全观的比较分析框架

各国迥异的地缘政治环境、历史传统、社会制度、意识形态、民族性格及外交哲学等因素形塑了千差万别的国家安全观，为了系统地理解不同国家的国家安全观及其历史演变的过程，构建一个统一的比较分析框架是必要的。在纵向的时间视角上，对一国国家安全观具有代表性的转变节点进行识别提炼，由此明确若干发展阶段；在横向的比较视角上，设立了六项具体的比较维度，包括威胁的来源/安全环境研判、国家安全观内涵/构成要素、国家安全观的目标、维护安全的手段、安全文化内涵，以及如何平衡内部安全和外部安全。下面将论述比较维度选择的具体缘由。

某一时期国家安全战略的制定源自对当时当地安全环境的研判。对于现实主义者来说，安全是一种"相对的状态"[①]，只要其他国家继续存在，任何国家都不会有绝对的安全。[②] 虽然传统现实主义下对国家安全观的认识存在偏误，但确实启发我们通过对国家安全环境的思考，表明国家安全所面临的威胁取决于国家集团之间的政治关系而不是实力差距。[③] 安全环境研判需要着重考虑外部因素并注重各因素的联动性。具体来说，国际体系是国家安全观演变的主要动力之一，一国在国际体系中的位置会影响其对自身国家安全的认知与战略选择；一个国家的地理位置、与周边关系等地缘政治因素对安全观的形成同样具有重要影响。当外部安全环境发生变化，各国对安全威胁的定义也会随之转变。[④]

对当前安全形势的研判直接影响特定时期内国家安全观的内涵，这是比较各国安全观差异的基本维度。传统安全与非传统安全是国家安全观的两个基本内容[⑤]，前者包括军事安全、政治安全、外交安全等内容，后者包括经济安全、文化安全、社会安全、科技安全、信息安全、生态安全、资源安全、核安全等。国家安全观的内容潜在地反映出一国制定国家安全战略的目标指向，即追求传统安全目标、非传

① Frederick H. Hartmann, *The Relations of Nations* (New York: Macmillan Publishing Company, 1983).
② 苏长和：《从国家安全到世界安全——现实主义及其后》，《欧洲》1997 年第 1 期。
③ 阎学通：《中国的新安全观与安全合作构想》，《现代国际关系》1997 年第 11 期。
④ 凌胜利、杨帆：《新中国 70 年国家安全观的演变：认知、内涵与应对》，《国际安全研究》2019 年第 6 期。
⑤ 刘跃进：《总体国家安全观视野下的传统国家安全问题》，《当代世界与社会主义》2014 年第 6 期。

统安全目标还是综合安全目标。围绕不同的目标导向，各国衍生出具
有针对性的手段、举措来促进既定目标的达成，是通过军事、暴力的
手段还是通过和平、合作的方式来保障安全是这一维度下着重区分的
对象，以此把握演变过程中对单一抑或多样的手段的选择。

以上所述四项比较维度都反映出一国所秉持的安全文化差异。作
为国家安全思维方式的系统化提炼，安全观受到不同国家文化背景的
影响，这也决定了本体价值取向的差异。① 具体来说，需要考察一国
的安全文化是强调二元对立还是多元包容，是偏向合作还是冲突的解
决方式，是重视总体利益还是个体理性利益，等等。最后，需要注意
在安全观发展过程中，国家对内部安全与外部安全的平衡问题。外部
安全指的是保护领土完整、主权独立，内部安全指的是社会稳定、避
免动荡和分裂，特定时期对内部安全与外部安全的不同侧重也是理解
各国国家安全观的一个重要维度。

总体来看，通过"威胁的来源/安全环境研判、国家安全观内涵
/构成要素、国家安全观的目标、维护安全的手段、安全文化内涵、
如何平衡内部安全和外部安全"这六个维度能够帮助我们对比把握
各国国家安全观的异同。

第二节　主要国家安全观的历史、现状与演变

根据典型性与资料可得性的原则，本节选取日本、英国、美国、
俄罗斯、澳大利亚等多个国家，作为国家安全观的比较对象，涵盖不
同区域、不同政体、不同发展程度的国家。资料来源包括各国政府发

---

① 尹继武：《中美国家安全观比较分析》，《当代世界与社会主义》2020 年第 3 期。

布的国家安全战略文本、学术期刊文献、智库研究成果等。

一　日本国家安全观的历史、现状与演变

日本自明治维新之后曾长期将军事实力等同于国家实力，把军事安全视为国家政治安全的本体，认为军事实力和进攻战略是日本国家生存与发展的根本保障，其政治安全观彻底为军国主义所浸染，军国主义成为日本立国与强国的"根基"。军国主义是一种极端的选择，它使日本的资本主义经济在起步时就浸透了封建性和殖民主义色彩，在国家实力结构和政治安全结构中，经济要素被置于军事要素之下。

第二次世界大战之后，日本在外部强制和自我节制的双重作用下，形成了以"和平宪法"为制约机制，以日美同盟为保障措施，以"专守防卫"为基本方针的安全战略。而冷战结束之后，为实现由经济大国向军事政治大国的转变，日本正逐步突破这一安全战略框架，对本国的安全战略做出较大的调整，构建新的国家安全战略。主要表现在：强调为国际安全做"贡献"，借此推进本国安全战略；强化军事因素在国家安全战略中的作用；改变对外经济援助的对象和条件，提出把政府开发援助作为实现外交目标的手段；通过不同文化间的沟通与交流，来推进安全保障和国际关系的发展。[1]

然而，日本战后迄今，军国主义赖以生长的传统政治文化土壤从未被铲除过[2]，未能根除日本民族政治文化心理上的极端主义与绝对主义，《和平宪法》也无法根本制约日本政治的右翼取向，右翼势力

---

[1]　林晓光：《日本国家安全战略与防卫政策的调整——关于"有事法制"的思考》，《世界经济与政治论坛》2003 年第 6 期。

[2]　袁成亮：《从"以邻为壑"到"以邻为患"——明治维新时期与战后日本国家安全（防卫）观的比较》，《南海学刊》2015 年第 2 期。

以反动的历史观抵拒着日本真正走向民主与和平，阻碍着日本政治文明迈向理性化的步伐。① 尤其是 20 世纪 90 年代以来，日本保守主义的政治安全观抬头，在其追求政治大国的显性国家目标背后，是隐性的日益膨胀的军事大国野心。它滋生了右翼的国家观、历史观、安全观，使日本的民族意识与国家意识难以理性地自省与检讨，因而其国家发展方向充满着不确定性和危险性。因此，有研究认为，日本所谓"专守防卫"的温和国家安全理念，将被富于进攻性的、单边主义的、"先发制人"的新保守主义理念所取代②，在"积极防御"的幌子下，好战的军国主义难免死灰复燃。③

1. 第二次世界大战后"专守防卫"的国家安全观的确立

日本战后颁布的《和平宪法》是"专守防卫"国家安全观念的来源，特别是其第九条规定"不保持海陆空军及其他战争力量，不承认交战权"，表达了日本对世界摒弃攻击性。所谓的"专守防卫"就是将防卫力量以及其使用限定于本国所需的最低限度，仅在遭受到对方物理攻击的时候才使用防卫力量。这是一种被动的防卫战略，这种安全观念限制了自卫队使用武力的条件、地理范围、装备和武器等诸多方面。④

冷战开始以后，美国为了遏制社会主义国家，拉拢日本以巩固其在远东地区的重要地位，于 1951 年与日本达成了具有军事结盟性质的《日美安全保障条约》，初步形成了"共同防卫"的国家防卫体

① 周永生：《析安倍内阁日本国家安全保障战略转型》，《国际关系研究》2014 年第 6 期。
② 张昌明、聂奎全：《浅论日本国家安全观的转变及其现实困境》，《大连大学学报》2012 年第 2 期。
③ 林晓光：《从通过"有事法制三法案"看日本国家安全战略的重大转换 日本打开通向战争之门》，《国际展望》2003 第 16 期。
④ 〔日〕武田康裕、神谷万丈：《日本国家安全保障战略研究》，刘华译，世界知识出版社，2012。

系。同盟条约签署后，日本的国土防卫由美国承担。朝鲜战争结束后，日美又达成《日美共同合作与安全保障条约》，日本的国土防卫由美国一力承担变更为日本与美国共同承担，使得日本在国土防卫上逐渐摆脱了对美国的依赖。20 世纪 60 年代日本经济呈现高速增长趋势，同时美苏冷战军备较量的气氛日渐浓厚。为适应国际形势同时应对外部威胁，日本进入 70 年代后颁布了《防卫白皮书》，正式确立了以"专守防卫"国家安全观念为指导的安全政策。《防卫白皮书》指出日本要在不断发展经济扩充国家实力的同时，努力建设一支必要的最小限度的自卫力量，目标是可以化解小规模的侵入。"专守防卫"国家安全观念展现了日本在国际事务中的低姿态，同时也是以美国马首是瞻的"吉田路线"在国家安全政策上的体现。

2. 20 世纪 80 年代"综合安全保障"国家安全观的确立与发展

"综合安全保障"国家安全观指的是制定安全保障政策时，在"目标"和"手段"两方面同时考虑"军事安全"和"非军事安全"。该观念认为应该最小限度地运用军事要素、最大限度地运用非军事要素来解决国家面临的内、外安全威胁。这一安全观念的形成源于 20 世纪 70 年代后期，此时美苏冷战逐渐出现苏攻美守的格局，同时期爆发的两次"美元危机"和两次"石油危机"让日本深刻认识到自身经济高度依赖海外的脆弱性。①

1980 年，时任日本首相大平正芳提交关于"综合保障问题"的政策研究会报告，正式提出"综合安全保障"的国家安全理念，首次将非传统安全保障纳入国家战略。报告提出的综合保障政策目标涉及多个方面，包括部署针对日本国土军事侵略的防御、维护自由

---

① 刘胜湘：《世界主要国家安全体制机制研究》，经济科学出版社，2018。

的国际秩序、确保能源安全、确保粮食安全、制定应对大地震等大规模自然灾害的对策等。1986 年，日本国会通过《安全保障会议设置法》使得安全保障会议成为国家安全问题的最高审议机关，标志着"综合安全保障"国家安全理念下的综合安全保障战略正式实施。"综合安全保障"国家安全理念一定程度上修正了"重经济轻军备"的吉田路线，强调用政治经济外交军事等综合手段保障国家安全。①

然而综合安全保障战略在实施过程中仍然没有重视军事的力量，这让日本鹰派和右翼势力非常不满。中曾根康弘首相上台后重新论述了"综合安全保障"的国家安全理念，主张在继续发挥日本经济力量作用的同时注重加强军事力量的建设来综合应对国内外的安全威胁，保障能源、稀有金属、粮食等的稳定，维护地区和平环境和日本的国家安全。重新论述的"综合安全保障"国家安全理念提高了军事手段在综合安全中的地位。冷战结束后，国际形势依旧严峻，安全威胁的方式也变得更加分散和难以预测，为了具备快速的反应能力，日本在 1994 年提出日本的安全防卫策略应该从冷战时期的"专守防卫"向"综合安全保障"思想下的"多边安全"转变。这一转变使得日本开始寻求多边合作，体现出日本希望提高安保自主性的倾向，推动了日美同盟的重新调整和定位，为日本自身军事力量的发展提供了思想支撑。

3. "人的安全保障"的国家安全观的确立

亚洲金融风暴后，日本逐渐意识到当代世界存在诸多威胁人类生存的重大问题，如地区内战冲突、屠杀、人权、贫困、饥饿、难民等，

---

① 郑宇：《日本冷战后的综合安全概念》，《国际研究参考》1997 年第 9 期。

环境污染、恐怖主义、毒品和艾滋病等也成为全世界的社会问题。但是这些问题带来的安全威胁在以国家和军事力量为中心的传统安全思维下已经无法应对。于是日本提出了将安全保障的着眼点放在如何保护个人不受上述安全问题侵害的"人的安全保障"的国家安全观上。

所谓"人的安全保障"的国家安全观是指统一考虑危及人类生存、生活和尊严的各种安全威胁，并加快制定应对此类安全威胁的措施。该安全观念 1998 年由小渊内阁提出后一直作为日本重要的外交理念。因此日本进一步加强对诸如破坏环境、国际犯罪、毒品、传染病等全球性问题的应对，并在外交中推广该理念。比如，联合国2001 年在日本的倡导下成立了"人类安全委员会"，并多次在国际主要会议中通过了含有"人的安全保障"的安全观理念的合作宣言。

"人的安全保障"国家安全观的提出凸显了传统安全观未曾关注的"个人安全"的重要性。然而这一理念无法替代传统的安全观，一方面要实现"人的安全保障"必须有传统安全的保障，另一方面强调对于地区内战冲突、屠杀、恐怖主义等问题的解决仍然需要依靠强大的军事力量。因此从国家层面来说，要是传统安全无法保障则"人的安全保障"也只是空谈。

4."自主防卫"的国家安全观

美国"9·11"事件以后，日本在安全威胁的认识上体现出"多元威胁论"，即安全威胁的方式多样化、多层次。2004 年小泉纯一郎担任首相期间通过《面向未来的安全保障与防卫力量构想》的研究报告，基于"综合安全保障"国家安全观提出了"综合安全保障"的理念。该报告认为当前的安全威胁不止来自国家行为主体，还包括大规模杀伤性武器、恐怖主义、国际犯罪集团等非国家行为主体，同时国家主体间的安全问题也并未消失，"世界各地频繁的内战、民族冲突、政权不稳的情况正成为冷战结束后军事冲突的主要来源，有潜在演变为国际军事冲突的可能"。① 2013 年日本内阁通过的《防卫白皮书》中大肆宣扬"中国军事威胁论"，称中国的海上行动对日本的安全和地区稳定构成威胁。于是自 2013 年底日本安全保障会议先后通过了新的《防卫计划大纲》《中期防卫力整备计划（2014-2018年）》以及作为外交和安全政策上首个综合方针的《国家安全保障战略》，标志着日本安全防卫思想和政策出现重大转变，透露出日本以邻为壑、努力扩充军备的发展动向，加速从"专守防卫"向"自主防卫"迈进。②

2014 年安倍政府建立辅助国家安全保障会议的事务局——"国家安全保障局"（以下简称"国家安保局"），下设 6 个部门。"国家安保局"具体处理事关日本安全保障的事务，事实上是日本最高的安保决策机构。日本大力推动安保政策向"自主防卫"转变，"自主防卫"将成为日本未来发展的主要目标。这将改变战后日本国家发展道路及作为"和平国家"的特质，从而颠覆战后亚太地区秩序的构建基础，影响甚至阻断地区秩序渐进良性调整的进程，加大中国和平崛起的战略成本。表 4-1 为日本国家安全观的各阶段特征。

二 英国国家安全观的历史、现状与演变

英国的国家安全观念深受其地理位置和国家发展形态的影响。一

---

① 张明、黄成军：《日本防卫政策转型透析及对我国家安全影响——解析日本新〈防卫计划大纲〉》，《战略决策研究》2011 年第 3 期。

② 游博：《日本国家安全保障战略的调整与中国的应对之策》，《江汉论坛》2016 年第 12 期。

表 4-1　日本国家安全观的各阶段特征

	威胁的来源/安全环境研判	国家安全观内涵/构成要素	国家安全观的目标	维护安全的手段	安全文化内涵	如何平衡内部安全和外部安全
"专守防卫"的国家安全观（20世纪50~70年代）	冷战开始，《日美安全保障条约》达成，形成"共同防卫"的国家防卫体系	在美国的核保护伞下，"重经济，轻军备"，在国际事务中保持低姿态	军事上达成对小规模的侵入可以自我化解，中等规模以上战争依靠美国的程度	颁布《防卫白皮书》，在美国的保护伞下大力发展经济，同时建立自卫队逐渐摆脱对美国的依赖	在不断发展经济提升国家实力的同时，建设必要的最小限度的自卫力量	对内发展经济，对外依靠美国防卫，同时建立自卫力量
"综合安全保障"的国家安全观（20世纪80年代）	美苏冷战出现苏攻美守的格局，两次"石油危机"同时爆发凸显日本自身经济高度依赖海外的脆弱性	首次将非传统安全纳入国家战略。包括部署针对日本国土军事侵略的防御，维护国际秩序，确保能源安全，确保粮食安全，制定应对大规模自然灾害的对策等等	修正"重经济轻军备"的吉田路线，强调用政治经济外交军事等综合手段保障国家安全	一方面推动日美同盟的重新调整和定位，另一方面最大限度地运用非军事要素来解决国家面临的内、外部威胁	同时考虑"军事安全"和"非军事安全"两方面	该观念认为应该最大限度地运用军事要素，最大限度地运用非军事要素来解决国家面临的来自外部的安全威胁，以及来自国内和自然界的安全威胁
"人的安全保障"的国家安全观（20世纪90年代）	亚洲金融风暴后人类生存的内战、环境、人权等重大社会问题凸显	将安全保障的着眼点放在如何保护个人不受安全问题侵害	统一考虑危及人类生存、生活和尊严的各种安全威胁，并加快制定应对此类安全威胁的措施	成立"人类安全委员会"，并多次在国际主要会议中通过了首有"人的安全保障"的安全观理念的合作宣言	加强诸如破坏环境、国际犯罪、毒品、传染病等全球性问题的应对，并着力在外交上建立相和概该思想指导的机制的普及	一方面强调实现"人的安全保障"必须有传统安全的保障，另一方面强调对于地区内战冲突、屠杀、恐怖主义等问题仍然需要依靠强大的军事力量

续表

	威胁的来源/安全环境研判	国家安全观内涵/构成要素	国家安全观的目标	维护安全的手段	安全文化内涵	如何平衡内部安全和外部安全
"综和安全保障"和"自主防卫"的国家安全观（21世纪初至今）	美国"9·11"事件后出现的"多元安全威胁论"和"中国军事威胁论"	通过外交和安全政策上的首个《国家安全保障战略》	加速国家安全观从"专守防卫"向"自主防卫"迈进	设立辅助国家安全保障会议的事务局——"国家安全保障局"，强化与防卫省的合作	国家安全观向多样化、多层次的综合安全保障观念转变	对内坚持综合安全保障观念，对外阻断地区秩序渐进良性调整的进程，加大中国和平崛起的战略成本

方面，英国地处欧洲大陆边缘，属于国土面积狭小的岛国；另一方面，英国是近代欧洲的强国，其在政治民主化、工业革命中取得了瞩目成就，成为世界上最大的殖民国家。这使得英国国家安全观念一度表现为，一是害怕受到其他国家的攻击和包围，因此极力维持欧洲大陆强国间的实力均衡；二是追求海外利益和海上霸权。① 第二次世界大战之后，英国由盛转衰，其国家安全观念也随自身和国际情况不断调整，并发展出了新的国家安全政策。② 在这一时期，英国秉持传统安全观，维持一定的核威慑力量，寻求与欧洲其他国家的平衡；冷战结束后至今，在军事安全上，英国积极谋求与盟友及其他国家的合作，通过与美国及欧洲盟友的合作实现国家安全保障。总体而言，随着国际局势的改变、经济全球化的推进，英国国家安全观由传统安全观向大安全观转变，在注重军事安全的同时，也开始谋求政治、经济、社会、信息、环境等领域的国家安全。

（一）20 世纪 50~80 年代：传统安全观

第二次世界大战结束后，英国国家实力被极大削弱，如何在国力受损的情况下维护英国国家安全，追逐英国大国地位，是英国国家安全方面面临的主要任务。当时以欧洲为中心的国际体系瓦解，美国成为资本主义世界的头号强国，苏联成为仅次于美国的军事大国。随着冷战开始，世界格局演变成美、苏两大对峙阵营。鉴于意识形态安全和集体安全问题，英国将苏联视为最大的安全威胁。可见，这一时期，英国面临的安全问题仍然属于传统安全问题。

在此背景下，英国的国家安全观念为传统安全观，从各方面加强

---

① 丛鹏：《大国安全观比较》，时事出版社，2004。
② 宋德星、李庆功：《世界主要国家安全政策》，中央文献出版社，2016。

本国力量，具体措施如下。第一，确立核威慑战略，积极发展核武器。第二次世界大战后，英国重新定位了自身的全球角色，认为大英帝国的衰落不可避免，但英国仍然应该在苏联和美国主导世界格局的情况下，发挥积极影响力，其中措施之一就是确立核威慑战略。以此为基础，英国削减了常规军事力量以减轻沉重的防务负担，同时大力发展本国核武器以提升国际地位。第二，谋求与美国的合作。英国加入"大西洋联盟"，与之在统一的框架下开展军事合作，并一直紧跟引领信息化军事革命潮流的美国进行军事改革。第三，改革安全体制。英国成立了专门负责安全事务的国防与海外政策委员会，主要职责包括评估国家安全形势、确定国家安全方针战略、制定国家危机事件应对措施、组织协调其他部门行为等内容。这一机构在改善英国安全环境、维护英国大国地位方面发挥了重要作用。① 第四，重视挑战英国利益的新兴大国动向，如德国、日本等。

（二）20 世纪 90 年代：传统安全向非传统安全转变

冷战结束后，世界范围内的战争风险消退，和平与发展成为时代的主题。英国的国际、国内安全环境发生重大变化，安全威胁呈现多元化趋势，传统安全与非传统安全交织出现。与之相适应，英国的国家安全观也发生转变，国家安全的重点由传统威胁向非传统威胁转变。在传统的军事安全之外，经济问题和全球性问题成为国家安全观的新内涵，如跨国犯罪、环境污染、恐怖主义等。随着东西方阵营对峙状态的解除，地区安全问题也暴露出来，作为传统的欧洲大国，平衡与欧陆国家的关系，也成为英国国家安全的重要内容。

---

① 刘胜湘：《世界主要国家安全体制机制研究》，经济科学出版社，2018。

这一时期英国国家安全的目标也具有多元性，除维护英国本土和属地的安全外，还重视提高人民生活水平、推动英国经济繁荣、加强英美特殊关系、参与欧盟共同安全与防务建设和促进国际合作等方面。为此，英国政府采取了以下安全策略。第一，受国际安全形势乐观估计以及国内财政经济压力等因素影响，东欧剧变之后，英国实施"少而精"的军事战略，大规模裁军，减少国防开支。第二，回归欧洲安全，与其他欧洲国家在安全问题上采取合作的态度。① 另外，由于美国在这一阶段取得的绝对领先地位，在国家安全问题上，英国注重寻求与美国的合作，依靠北约等国际组织实现国家安全。

（三）21 世纪以来：大安全观

21 世纪以来，英国面临的安全威胁出现了多元化、复杂化的特点，特别是恐怖主义成为英国头号安全问题。为此，英国国家安全的概念在内涵上有了大幅扩展，朝着"大安全"的方向发展②，在维护安全、繁荣的基础上提升全球影响力。2015 年英国政府颁布了《国家安全战略和战略防务与安全评估报告》，该报告指出，英国国家安全的总体战略目标是"成为一个安全、繁荣和具有国际影响力的联合王国"，包括三个具体目标：一是保护国内、国外领土和国外的人民；二是通过减少对英国、英国盟友和合作伙伴的威胁，来提升英国的全球影响力；三是深化与新兴经济体的合作，促进英国繁荣。迅猛发展的全球化以及非传统安全问题凸显，引发了英国新的安全挑战。"9·11"事件引发西方世界对国内安全的深切关注。2003 年英国国

① 王玉婷：《布莱尔政府时期的英国安全战略（1997~2007 年）》，博士学位论文，武汉大学，2010。
② 刘胜湘：《世界主要国家安全体制机制研究》，经济科学出版社，2018。

防部出台的《在变化的世界中确保安全白皮书》指出扩展国家安全领域的迫切需求，"要想比潜在对手占得先机，必须适应变化的世界。当前英国面临着各种新的威胁，必须做好艰难决策的准备，以确保英国军队能够胜任新的、艰难的任务"。更进一步的是，2010 年英国《国家安全战略》从国家制度层面明确了新的国家安全重点，将"国际恐怖主义、网络空间的恶意进攻和大规模网络犯罪、重大事故或自然灾害、国家间的军事危机"设定为最高级别安全威胁。2015 年英国政府颁布的《国家安全战略和战略防务与安全评估报告》显示，英国未来面临的风险程度提升，与以往相比，更具有危险性和不确定性，公共健康、金融危机等风险问题凸显。可见，当前英国国家安全是扩展了的概念，既包括传统的军事领域，也包括恐怖主义、网络风险、气候变化等新的国家安全问题。为维持本国的经济优势，同时受到美国的影响，在跨境并购、互联网、人工智能、5G 等新技术和新产业领域，英国对他国特别是中国企业的遏制开始抬头，经济活动中的国家安全审查成为国家安全的重要部分。

在国家安全风险应对方面，英国主要采取了以下措施。

第一，加强在反恐方面的立法保障。2000 年英国通过《反恐怖主义法》，扩大了恐怖主义的内涵和外延，将宗教、种族和出于意识形态目的而使用或威胁使用暴力列为恐怖主义。此后，英国又颁布了《2001 年反恐怖主义、犯罪和安全法令》《2005 年预防恐怖主义法令》《2008 年反恐怖主义法令》《2011 年恐怖分子财产冻结法令》。

第二，重视跨部门协作。为了及时、有效应对新的、不断变化的威胁，《不稳定时代的强大英国：国家安全战略》认为英国需要组建一个综合的国家安全部门，为了提高国家安全管理效率，协调各部门的关系，卡梅隆政府组建了国家安全委员会，将外交、国防、情报、国际发展等机构整合起来。"全面性""跨部门合作"是英国国家安全委员会的最终目标。

第三，积极开展国际合作，通过联合美国加强自身安全力量。2008 年金融危机使英国面临减少财政赤字的迫切需求，国家安全事务的预算开支紧缩。在这种情况下，加强国际合作，成为英国国家安全政策的重要选择。欧盟和美国是英国最主要的合作对象，并且尤其以美国为重。打击恐怖主义成为两国合作的新内容。2010 年英国《国家安全战略》明确指出"加强与美国在安全、防务、情报方面的合作关系是维护英国利益的关键"。2011 年英美两国共同建立"国家安全战略委员会"，由两国政府官员共同组成，定期会晤，旨在加强英美两国在安全与经济方面的长远合作。

第四，谋求新的欧洲均势。维持欧洲均势是英国的传统政策。受地缘政治的影响，英国一直不愿意完全融入欧洲，而法国和德国则是欧盟的轴心。面对欧洲大陆国家坚决表示"要积极开展欧洲的独立防务"的立场选择，为了不被边缘化且保证英国的领导地位，英国积极谋求与法国的合作。表 4-2 为英国国家安全观的各阶段特征。

三　美国国家安全观的历史、现状与演变

美国国土安全部将其国家安全的范畴定义为：领土、国民、制度、价值观和国家的全球利益。美国国家安全的重心在于国际和防恐安全事务，内容以国际和军事安全风险为主导。[①] 完整的国家安全观

---

① 薛澜、彭龙、陶鹏：《国家安全委员会制度的国际比较及其对我国的启示》，《中国行政管理》2015 年第 1 期。

表 4-2　英国国家安全观的各阶段特征

	威胁的来源/安全环境研判	国家安全观内涵/构成要素	国家安全观的目标	维护安全的手段	安全文化内涵	如何平衡内部安全和外部安全
20世纪50~80年代（发展阶段一）	苏联	国土安全、军事安全、政治安全	维护英国的国土安全，追逐英国大国地位	确立核威慑战略，加强与美国合作	冷战思维、西方价值观	以外部安全为主
20世纪90年代（发展阶段二）	欧陆国家的竞争，以及毒品、有组织犯罪、恐怖主义、环境退化等	由传统安全领域扩展到非传统安全领域	保护国家及关键利益免受其他国家的损害	减少军事力量，维持与北约、盟友（美国）的合作	保守和乐观的安全文化	注重国内安全，依托与盟友和国际组织的合作实现外部安全
21世纪以来（发展阶段三）	国际恐怖主义、网络空间的恶意进攻和大规模网络犯罪、重大国事故或自然灾害、国际军事危机、公共健康、金融危机	大安全观	安全、繁荣和具有国际影响力的联合王国；保护个人和英国的生活方式，以及国家完整利益免受威胁	维持军事威慑力，增加国防预算与开支，加强与盟友及其他国家的合作	在传统安全观的基础上，注重多元的安全文化	国内安全和外部安全并重，在新兴领域内外部安全具有关联性

概念兴起于美国，并经历了较长的发展历程，在内涵和实施策略上经历了较多的演变。

1947 年美国正式通过《国家安全法》，并产生了两个主要相关机构——设在白宫的国家安全委员会（National Security Council，简称 NSC）和国家安全资源委员会（National Security Resources Board，简称 NSRB）奠定了冷战后美国国家安全观的基本框架。"国家安全观"是在第二次世界大战后美国意识形态和国际关系理念中的一个新的要素，它强调重视外部威胁，表达了对"安全""利益"及相关要素的广泛而高度综合的界定，国家安全事务在国家政治生活中具有空前的、绝对的重要性。作为一个总统制的国家，美国国家安全观将总统放在首要位置，比如美国国家安全委员会隶属于美国总统办公室，直接对总统负责，内部实行首长制。

进入冷战时期，遏制战略是整个冷战期间美国国家安全战略的基石，这一战略是美国对苏联的博弈和对抗策略，表现在一系列具体的国家行为，如积极开拓军备竞赛等。

后续的国家安全观集中体现在美国的《国家安全战略报告》之中。该报告由美国政府向国会提交，对国际安全环境特别是美国面临的威胁作出判断，阐述美国政府在内政、外交和防务等方面的总体目标和宏观政策。1987~2017 年，共有 5 位总统、8 届政府向国会提交了 16 份美国《国家安全战略报告》，其中包括若干次转向。第一份《国家安全战略报告》由老布什政府于 1991 年提交。该报告提交于冷战结束之后，明确提出了"超越遏制"战略，在美国的战略重点由应对苏联的挑战转向应对地区性威胁，以及本国的经济安全与发展，通过政治、军事、外交等手段建立一个由美国主导的"世界新秩序"。克林顿时期美国积极介入地区事务，在军事上采用预防军事威胁性出现的"预防性防务"战略，延续老布什时期的安全战略，全力建构以美国为主导的全球安全体系。

第二份由小布什政府于 2002 年 9 月提交。这次战略报告提交于"9·11"事件之后，该报告集中体现了美国政府从克林顿时期的"民主扩展战略"转向了打击恐怖主义的"先发制人"战略，提出以确保美国自身安全为第一要务，相应进行国家安全机制及军事力量的转型。同时，小布什政府提出努力协调大国关系，该报告称"要在当今全球化的世界上击败恐怖主义，美国将尽力寻求盟国和友邦的支持，以应对反恐的需要"。值得注意的是，美国的国家安全观始终将自身价值观输出以及利益维护相结合，无论是克林顿民主党政府将"全球民主化""军事安全""经济繁荣"并列为其国家安全战略的"三大支柱"，还是小布什共和党政府"全球自由化""反恐作战""大国协调"的国家安全"三大前提"，都体现出这一点。

"9·11"事件暴露出美国国土安全管理的问题，促使美国在国土安全方面做出一系列变革。"9·11"事件发生前，情报部门各自为政的现象十分突出，部门之间存在被广泛诟病的信息鸿沟。[①] 为了解决这一难题，"9·11"事件发生后，小布什下令成立国土安全办公室。2002 年 6 月 18 日，原国土安全办公室主任向国会提交了成立国土安全部的提案，并得到国会的批准。2002 年 11 月 25 日，小布什总统在白宫签署法案，标志着国土安全部的正式成立。2003 年 1 月 24 日，国土安全部在综合了海岸警卫队、海关总署等 22 个政府机构之后开始正式运行，成为美国政府的组成部门之一。国土安全部的

---

① Parker, C. F. and E. K. Stern, "Blindsided? September 11 and the Origins of Strategic Surprise", *Political Psychology*, Vol. 23, No. 3 (2002): 601-630.

使命在于保卫美国国土安全，协调并有效地应对恐怖主义的威胁。①
国土安全部的成立体现出加强机构协调作为国家安全观的重要成分，
且在"9·11"事件后得到更多的关注。

第三个重要节点以 2010 年 5 月 27 日奥巴马政府在其任期内第一
次提交的《国家安全战略报告》为标志。该报告囊括了对美国"9·
11"事件以来安全战略的反思，在强调维持美国军事优势地位的同
时，更加重视外交、情报、执法等非军事力量在应对国家安全挑战中
的作用。奥巴马政府面对全球金融危机、气候变化等新议题的挑战，
扩大了"国家安全"概念的外延，将本土恐怖主义、网络安全隐患、
财政赤字、气候变化等问题纳入国家安全威胁目录。同时，该报告明
确提出"重振美国，领导全球"的新国家安全战略，尤其强调重塑
美国的国际形象，确保美国在国际事务中的领导地位。

2017 年 12 月 18 日，特朗普公布了其任职期内的首份《国家安
全战略报告》，强调本届政府在全球及外交政策层面将始终坚持"美
国至上"的方针，以"保卫美国国土安全、促进美国繁荣、强力捍
卫和平及提升美国影响力"为四大支柱。该报告从"有原则的现实
主义"出发，以更具竞争性的视角总结了美国当前所面临的威胁，
突出了经济安全对国家安全的重要性，强调美国必须摆正心态，维持
传统优势，努力复兴美国经济，重建美国军力，保卫疆土，提升自我
价值。该报告将"保护美国人民和国土安全、促进美国繁荣、以力
量求和平、提升美国影响力"视为国家安全的四大核心要素。该报
告特别包含了改善国家网络安全方法的行动纲要清单，突出网络安全
的重要地位；将中国和俄罗斯视为"战略竞争对手"，对于中国不再

---

① 张骥：《世界主要国家国家安全委员会》，时事出版社，2014。

采用之前报告中提到的"深入、有效的伙伴"或是"发展建设性伙伴关系";突出强调美墨边境安全问题;未将气候变化视为国家安全的要素。这份报告体现出特朗普政府的"单边主义"和战略收紧政策,表明了美国在国际事务中维护霸权地位的决心以及实现国家利益的政策路径。

由此可见,尽管有诸多调整,但自冷战以来美国总体国家安全观始终以维护美国自身在全球的各种利益为核心,本质上都在维护以美国为主导的世界秩序和霸权格局。美国国家安全战略的首要目标是保证美国国土、设施和民众免受任何国家和非国家行为体的威胁。同时,促进国家利益与经济繁荣是美国国家安全战略的基本任务。以笃信美国的价值观念为根本,将美国视为世界政治民主与经济自由的典范,在全球范围内进行价值观和制度输出,是美国国家安全战略的又一重要目标。目前,美国国家安全观更加具有竞争性、进攻性的单边主义色彩,且包含内容正在从过去仅关注军事和反恐怖主义向更广泛的经济贸易、互联网安全等方面拓展。表 4-3 为美国国家安全观的各阶段特征。

四 俄罗斯国家安全观的历史、现状与演变

俄罗斯的国家安全战略在苏联解体之后主要经历了四个阶段[1],分别以不同时期的国家安全战略为标识。1997 年 5 月时任总统叶利钦签署首份《俄罗斯联邦国家安全构想》,这是俄美关系蜜月期的产物,体现了俄罗斯对于美国及北约的复杂心态。尽管俄罗斯感受到

---

[1] 李瑞琴:《俄罗斯国家安全战略的变迁与思考》,《思想理论教育导刊》2017 年第 2 期。

表 4-3　美国国家安全观的各阶段特征

	威胁的来源/安全环境研判	国家安全观内涵/构成要素	国家安全观的目标	维护安全的手段	安全文化内涵	如何平衡内部安全和外部安全	安全战略
20世纪50~90年代（冷战时期）	美苏对抗	制度及价值观安全	遏制苏联	积极开展军备竞赛及结盟对抗	二元对立	突出外部安全	超越遏制战略
20世纪90年代（老布什政府至克林顿政府时期）	由美苏对抗到地区不稳定因素，如中东地区	维护军事安全为主	建立美国主导的世界秩序	积极输出"全球民主"等美国价值观，强化地区军事领导权	美国主导与多边平衡	突出外部安全	预防性防务战略
2001~2008年	恐怖主义	强调本土安全，防范恐怖主义威胁	打击恐怖主义	在全球开展反恐行动，继续推动全球自由议程，建立国土安全部	在反恐事务上广泛寻求合作	内部安全与外部安全并重	"先发制人"战略
2008~2016年（奥巴马政府时期）	金融危机、互联网风险、气候变化等多样化挑战	涵盖军事、经济、互联网安全等众多安全要素	确立在全球事务中的领导地位	积极介入地区安全事务	寻求合作的"多伙伴世界"与确立领导地位并存	内部安全与外部安全并重	由先发制人到广泛威慑，军事力量再平衡，在外交上"重返亚太"，采取"亚太再平衡"战略
2017~2021年（特朗普政府时期）	网络安全、经济安全等非传统安全全议题	本土安全、国家繁荣、提升全球影响力	维护美国核心利益和价值观，确保美国在全球的影响力	更为关注大国竞争问题	单边主义，反对全球化色彩较厚	内部安全与外部安全并重	"美国优先"战略

美国及北约向东扩张的意图，但是仍旧认为北约东扩的直接后果在欧洲安全结构的变化上，而不是针对俄罗斯。科索沃战争、车臣战争以及波兰、捷克等国家加入北约使得俄罗斯的战略环境岌岌可危。在此背景下，时任总统普京签署 2000 年版本《俄罗斯联邦国家安全构想》，放弃了俄罗斯的安全威胁主要来自内部以及性质是非军事性的判断。亲美幻想破灭，以独联体为重点，展开全方位外交，加强与亚太国家的战略交往。2009 年版本的《2020 年前俄罗斯联邦国家安全战略》尝试与美国重新修复关系，但是受到格鲁吉亚南奥塞梯事件的影响。之后乌克兰危机成为影响俄罗斯国家安全战略的关键事件。在此背景下，俄罗斯颁布了 2015 年版本的《2020 年前俄罗斯联邦国家安全战略》，明确美国、北约对于俄罗斯战略安全的威胁。这次修订后战略内容主要包括：国家防御、国家安全和社会安全、提高俄罗斯公民生活质量、经济增长、科学、技术和教育、卫生、文化、生命系统的生态和合理使用自然资源、战略活动和平等的战略伙伴关系等方面，系统阐述了俄罗斯对于当前安全形势新的认知和判断。主要变化集中在：国家安全战略地位上升；对国际格局和世界形势判断的变化；对主要安全威胁认知的变化；国家利益和战略重点的变化；对外战略活动重点和战略伙伴关系的变化。相较于前一版本关注经济危机的影响，没有直接提及美方的威胁而言，在新版中直截了当地指出美国和北约是俄罗斯国家安全的直接威胁。我们看到，俄罗斯国家安全战略围绕着与美国、北约的战略关系展开，外部环境成为其国家安全考量的关键因素。尽管在文件中也针对传统与非传统的国家安全威胁如恐怖主义等进行划分，但俄美关系依旧是俄罗斯国家安全战略的核心因素。

　　另一条梳理俄罗斯国家安全观的线索是国家安全法。① 从法律的角度切入，分析俄罗斯国家安全观的变化。1992 年 3 月俄罗斯颁布《俄罗斯联邦安全法》，6 月根据《俄罗斯联邦安全法》成立俄罗斯联邦安全会议。2010 年 12 月 7 日国家杜马通过新的《俄罗斯联邦安全法》。此次修订较 1992 年的版本构架更加完善，较为详实地规定了俄罗斯总统、联邦会议、联邦政府、联邦行政机构、俄罗斯联邦主体国家权力机关和地方自治机关的职权。这一次的修订体现出俄罗斯联邦安全会议、俄罗斯总统的地位明显提高，同时更加注重法律程序规范。从国家安全法的修订认识俄罗斯的国家安全观具有重要意义。首先，我们看到明确的国家机构设置是实现国家安全的重要前提。其次，平衡国内国外两个大局。国家安全不仅仅建立在稳定有序的国际环境之上，国内的社会稳定也十分关键。俄罗斯主要的关注点还是集中在对外国家安全的战略环境上，尤其是美国与北约对于俄罗斯的国家安全具有重要意义。

　　有学者分析俄罗斯国家安全观的演变进程②，从传统国家安全观向新型国家安全观过渡。首先，传统国家安全观关注国家作为唯一的利益主体，军事竞争成为最主要的获取国家安全的竞争手段。新型国家安全观的安全主体多元化，安全主体不仅包括国家，也包括国家之上的国际社会和国家之下的个人，但是更加强调个人的安全主体地位。安全内容综合化，安全内容既包括军事安全，也包括经济安全、政治安全、社会安全和环境安全等。俄罗斯目前的国家安全战略处于从传统国家安全观向新型国家安全观过渡的阶段。虽然在主体上强调

---

　　① 刘再起、魏玮：《〈俄罗斯联邦安全法〉的演进及国家安全体系改革趋势》，《俄罗斯东欧中亚研究》2016 年第 6 期。
　　② 薛兴国：《俄罗斯国家安全战略的演变》，《军事历史研究》2010 年第 2 期。

多元化的主体，但是仍旧将国家主体置于最高位置。其次是安全内容
已经从单纯的国防扩展至经济、政治和社会的安全领域。但是，在国
家利益的排序中国防仍占据首位。最后，安全手段以军事化为主，增
强军事力量解决国家安全问题。运用综合性的手段，包括实施战略遏
制与预防、完善国家军事组织和使用方式、提高国家动员准备和民防
兵力兵器准备。①

　　总体来看，俄罗斯国家安全战略经历了西倾，从关注经济发展到
关注国家安全，与美国的关系也是经历了亲美、曲折、相对对抗的路
径。国家安全观仍旧是建立在国家单一主体、国防安全与军事手段的
营造之中，尽管目前存在可能的转向。表 4-4 为俄罗斯国家安全观
的各阶段特征。

表 4-4　俄罗斯国家安全观的各阶段特征

	威胁的来源/安全环境研判	国家安全观内涵/构成要素	国家安全观的目标	维护安全的手段	安全文化内涵	如何平衡内部安全和外部安全
1991~2000 年	与美国、北约关系缓和	军事安全	维系领土安全	缓和与美国及盟友关系	二元对立	以外部安全为主
2000~2015 年	北约东扩	军事安全、经济安全	维系领土安全，缓解经济危机影响	增强国防军队，增强与周边国家联盟	二元对立与结盟	以内部安全为主
2015 年至今	明确美国与北约的威胁	军事安全、经济安全、社会安全	维系领土安全，经济社会稳定发展	增强国防军队，关注经济稳定	二元对立	国内、国外安全并重

① 马建光、孙迁杰：《俄罗斯国家安全战略的变化及影响——基于新旧两版〈俄联邦国家安全战略〉的对比》，《现代国际关系》2016 年第 3 期。

五　澳大利亚国家安全观的历史、演变与现状

1. 历史时期：英国殖民史塑造的安全认知

在地理位置上，澳大利亚与历史悠久的欧美各国距离遥远，而与迅速崛起的亚洲新生国家近在咫尺。这样一种历史和地理的因素塑造了澳大利亚在国家安全认知上呈现矛盾集合体的特点。19世纪到20世纪50年代，位处亚太地区的澳大利亚国内的主要安全威胁源于欧洲移民与亚洲移民之间的矛盾。出于历史原因带来的身份认同，澳大利亚施行"白澳政策"，优待欧洲裔移民而限制亚洲裔移民，在矛盾和冲突下建构了最初的社会基本形态。[①]

2. 冷战时期：国家意识形态冲突塑造的安全认知

20世纪50~90年代，随着冷战的发生，国际环境恶化带来的国家意识形态冲突逐渐超越了种族主义冲突，占据了澳大利亚国家安全战略的核心位置。澳大利亚和美国迅速结成联盟，以寻求其在世界范围内的安全环境，而英国的作用逐渐式微。在缔结同盟的过程中，澳大利亚的策略是寻求一个世界大国来维护其国家的安全和发展，但也面临着遵从历史还是立足现实的抉择。由于各种的客观因素，澳大利亚选择了美国，在美苏冷战的过程中，澳大利亚与美国的关系日渐升温，甚至表现出完全听从美国的倾向。在1971年出台的《国防白皮书》中，澳大利亚强调要加强与美国的结盟关系。在这个阶段，澳大利亚的国家安全主要是通过依附实力强大的美国来实现的，以期在世界范围内寻求安全的国际环境。

---

① 杨毅：《在历史与地理之间——澳大利亚安全认知与实践的两难抉择》，《当代亚太》2017年第3期。

3. 反恐时期：国际恐怖主义威胁塑造的安全认知

20世纪90年代到21世纪初，国际恐怖活动范围广泛，国际社会普遍感受到威胁，美国利用其道义上的优势和强大的实力，从政治、经济、外交、军事等方面推动国际社会参与反恐斗争，澳大利亚是美国反恐的铁杆盟友。

2004年，澳大利亚霍华德政府发表澳大利亚第一部反恐白皮书，题为《跨国恐怖主义：威胁澳大利亚》。该白皮书详细阐述了恐怖主义的本质、在全球和本地区的嚣张情况，并强调了恐怖主义对澳大利亚国内、国际利益的威胁程度。该白皮书列举了澳大利亚政府在国际反恐活动中的参与情况，同时表明为减少恐怖威胁而正在进行的努力。该白皮书还强调澳大利亚与地区伙伴、传统盟友等在反恐合作中的承诺。澳大利亚外交部部长唐纳在发布这部反恐白皮书时说："澳大利亚面临国际恐怖主义的严重威胁。我们必须为这一事实做准备。"这一时期，澳大利亚紧跟美国反恐的步伐，将国际恐怖主义视为国家安全的主要威胁之一，积极参与国际反恐合作，保障国民安全。

4. 转型时期：从"非国家行为体"转向"国家行为体"

经过10多年的反恐战争，国际反恐斗争已取得重大阶段性成果，恐怖主义在澳大利亚的国家安全战略中的地位正在逐渐下降。曾经遍布全球各地的恐怖袭击在造成大量澳大利亚公民伤亡的同时，也推动了澳大利亚新反恐法案的出台以及情报预算的增加。据统计，2002～2012年，澳大利亚年度国家情报预算翻了三番，已接近15亿澳元。在澳大利亚国内，政府已先后挫败多起恐怖袭击阴谋。此外，在参与东帝汶维和行动13年后，澳大利亚在当地的安全部队正逐步退出，在所罗门群岛地区的任务也正从"安全援助"向"执法援助"过渡。总之，正如时任澳大利亚总理吉拉德所说："我们正处于从'9·11'

时代向后'9·11'时代转变的关键时期，原有威胁与挑战仍将持续，一些新的威胁与挑战也在迅速发展演变。"①

而与此同时，面临着亚太地区经济的发展和该地区国家群体性崛起的事实，以及中美关系在确保亚太地区和平与稳定中发挥的决定性作用，迫使澳大利亚将国家安全的关注重点从"非国家行为体"转向"国家行为体"。2007年工党上台执政之后，澳大利亚政府提出，要从追随美国转向寻求自身国防独立。然而这种转变昙花一现，在国防预算削减的情况下，澳大利亚的新国家安全战略早早夭折，淡化了对国家安全独立自主的强调。直至2013年，吉拉德政府发布了澳大利亚首份成文国家安全战略。在这份报告中，延续陆克文政府时期的《国家安全声明》（National Security Statement）和2012年出台的《澳大利亚亚洲世纪白皮书》（Australian in the Asian Century White Paper）中有关国家安全的观点。该报告指出，澳大利亚目前所处的战略安全环境正在发生深刻变化，国家安全战略重心正在从反恐向重视亚太地区国家转移，国家行为体正在取代非国家行为体成为影响澳大利亚未来安全战略的主要因素。② 这份报告基本体现了澳大利亚当下国家安全观的核心思想。

5. 现状：塑造一种联合统一的国家安全体系

2013年的《国家安全声明》塑造了澳大利亚当下的国家安全观，即塑造一种联合统一的国家安全体系，主要体现在以下几个维度。第一，维护并强化国家主权，确保澳大利亚公民的安全与活力，确保相关资产、基础设施和机构的安全，创造有利的国际安全环境，包括打

---

① 季澄、柯隆：《评〈强大与安全：澳大利亚国家安全战略〉》，《国际研究参考》2013年第2期。

② 田立加：《〈澳大利亚国家安全战略〉解析》，《山西大同大学学报》（社会科学版）2014年第1期。

击恐怖主义、间谍和外国干涉行为等一系列措施。第二，将网络空间视为国家安全的"战略资产"，认为网络威胁将成为长期影响澳大利亚国家安全的重要因素，必须作好长期斗争的准备。互联网的开放性和可接触性在发展经济的同时也增加了遭受网络攻击的风险，因此要在澳大利亚营造一种让人放心的网上环境，保证互联网开放性的同时兼顾安全性。第三，对中国的崛起保持警惕，该声明有27处提到"中国"，针对中国军力持续增长导致的所谓"不确定性"，澳大利亚保持着高度的敏感性。针对中国的地方甚至渗透到了公众的生活和商业发展，包括放弃中国的微信软件和华为通信设备。表4-5为澳大利亚国家安全观的各阶段特征。

表 4-5　澳大利亚国家安全观的各阶段特征

	威胁的来源/安全环境研判	国家安全观内涵/构成要素	国家安全观的目标	维护安全的手段	安全文化内涵	如何平衡内部安全和外部安全
19世纪至20世纪50年代	欧洲移民与亚洲移民之间的种族主义冲突	政治安全、社会安全	维护国家内部稳定	坚决施行"白澳政策"	绝对安全	定位于内部安全
20世纪50~90年代	国际环境恶化带来的国家意识形态冲突	国土安全、军事安全	寻求在世界范围内的安全环境	依附美国、加强与美国的结盟关系	二元对立	定位于外部安全
20世纪90年代至21世纪	国际恐怖主义	国民安全、社会安全	保障国民生命财产安全	出台新反恐法案、增加情报预算、参与国际反恐行动	合作共赢	重心由外部安全转移到内部安全
21世纪至今	亚太地区国家群体性崛起带来的环境压力、网络空间、跨国犯罪、气候变化等风险	国土安全、军事安全、经济安全、文化安全、社会安全、科技安全、信息安全	塑造一种联合统一的国家安全体系	颁布《国家安全声明》	绝对安全	从"非国家行为体"转向"国家行为体"，兼顾内部和外部安全

第三节　国家安全观的跨国比较分析与发展趋势

作为一个复杂的观念系统，在总体国家安全观指导方针提出的初级阶段，通过系统比较不同国家安全观的相似性与差异性，结合我国的意识形态和国情，吸取国际值得借鉴的经验以完善理论，这对于实现我国现阶段多种安全的全面综合治理、维护新时期国家的安全和稳定意义重大，有利于开拓中国特色的国家安全治理道路。前面已经对不同国家在不同发展阶段和不同维度上的国家安全观特征进行了梳理，可以清楚观察到各国国家安全观横向与纵向上的差异及共性。以此为基础，下面将在差异中探求世界各国国家安全观发展的总体趋势，为完善我国的国家安全战略提供更多的参考，凝练国际经验中值得借鉴的部分和应该吸取的教训。

应当明确国际经验在中国的适用性论证标准，主要体现在三个方面：一是内容科学性，值得借鉴的国际经验应该摒弃了传统国家安全战略中的二元对立、零和博弈的思想，是在准确研判本国的安全环境基础上形成的科学认知；二是国情契合性，各国国家安全观因地缘政治环境、历史传统、社会制度、意识形态、民族性格及外交哲学等因素不同而各异，但值得借鉴的经验必然是能够适用于我国国情，即具有普遍指导意义的通用性经验；三是时代发展性，和平与发展是当今时代的主题，而与此潮流相悖的实践难以获得长久的生命力。下面将紧密结合前述比较分析框架，跟随时间的发展借助六个维度的特征展开国家间的比较分析。

一 国家安全环境研判比较

各国面临的安全威胁随时间的发展呈现具有共性的变化趋势，如表4-6所示。1947~1991年的美苏冷战曾是影响各国安全战略的重要因素，受此时代背景的影响，主要国家都面临着严峻的外部军事威胁，军备较量的气氛浓厚。严峻的外部威胁也使一些国家开始结盟，为未来的国际关系发展埋下了伏笔。1991年美苏冷战结束之后，和平与发展逐渐成为时代的主题，很多影响人类生存的问题开始凸显，特别是2001年的"9·11"事件使得恐怖主义成为各国共同面临的关键安全威胁，恐怖主义受到空前关注。此后，非传统安全威胁日益增多，诸如武器扩散、疾病蔓延、跨国犯罪、非法移民、信息泄露等因素成为各国制定安全决策的重要关切。可以看出，地缘政治与各国的经历对国家安全策略的选择具有重要影响。

表4-6　各国国家安全环境研判比较

国别	1950~ 1959年	1960~ 1969年	1970~ 1979年	1980~ 1989年	1990~1999年	2000~ 2009年	2010年 至今
日本					社会问题凸显		
英国							
美国	美苏冷战				地区不稳定因素	恐怖主义	多元 安全威胁
俄罗斯					与北约关系缓和	北约东扩	
澳大利亚					国际恐怖主义		

二 国家安全观内涵比较

在安全内容认知方面，各国的认知内容日益丰富，兼顾传统安全与非传统安全，统筹国家安全与人民安全，如表4-7所示。国家安全本身就是一个复杂的体系，其中每个领域的具体安全都必然与其他领域的安全密切相连，各国国家安全观的发展也逐渐地摒弃了对国家安全的片面理解倾向，呈现对传统安全与非传统安全的统筹。在冷战时代，安全概念在国际政治中多用于国家主权和领土的捍卫、军事集团的对峙等方面，传统的国家安全除政治安全外，主要是指军事安全。随着冷战的结束，以及以跨国经济、技术、资金及人才的交流与融通为基本特征的全球化的发展，影响国家利益的主要因素除政治、军事等方面外，还包括经济、科技、生态、文化、社会等。国家安全已不再是传统意义上的军事与政治安全，而是政治安全、经济安全、文化安全、军事安全以及环境安全的有机统一，是一种综合安全。

表4-7　各国国家安全观内涵比较

国别	1950~1959年	1960~1969年	1970~1979年	1980~1989年	1990~1999年	2000~2009年	2010年至今
日本	专守防卫			综合安全保障	人的安全保障		
英国	传统安全				非传统安全	多元安全要素	
美国	制度及价值观安全			军事安全		本土安全	
俄罗斯	军事安全					军事、经济安全	
澳大利亚	国土、军事安全					国民、社会安全	

三　国家安全观目标比较

国家安全观目标与其内容紧密相连，呈现由追求传统的军事、政治安全目标过渡到关注人的安全，再到追求综合安全的转变，如表4-8所示。在传统国家安全观中，安全首先是国家的安全，其他行为体都是围绕国家、为国家服务的，因此国家的生存是最主要的利益追求。到了 21 世纪初期，个人层面安全利益的重要性不断凸显，在维护国家安全的同时也要维护个人安全，由此，个人的意义在国家安全观中得到重视。此后，国家安全观所涵盖的安全内容愈加丰富，这就在目标上表现出对更多层次的国家利益、个人利益的追求。

表 4-8 各国国家安全观目标比较

国别	1950~ 1959 年	1960~ 1969 年	1970~ 1979 年	1980~ 1989 年	1990~ 1999 年	2000~ 2009 年	2010 年 至今
日本	维护军事安全				维护人的安全		维护 国家 完整 利益
英国	维护国土安全、追逐大国地位				保护国家利益		
美国	遏制苏联				建立主导的世界秩序	打击恐怖主义	
俄罗斯	维系领土安全					维系领土 及经济安全	
澳大利亚	寻求在世界范围内的安全环境					保障国民生命 财产安全	

四 维护国家安全的手段比较

维护国家安全的手段由单一转向多样化是一个基本趋势，如表 4-9 所示。在进入 21 世纪之前，军事手段是维护国家安全最主要和最可靠的手段，国家倾向于优先使用武力来保障国家利益；进入 21 世纪之后，随着面临威胁的多样化，各国开始综合利用政治、经济、法律、军事、文化等多元手段来维护国家安全。其中日本和俄罗斯的手段值得关注，日本长期依赖与美国的结盟来维护自身安全，因此其军事手段并不发达，而是更加侧重以经济建设来维护国家安全；俄罗斯则是因为其强大的军备力量而将军事手段作为维护国家安全的主要手段。

表 4-9　各国维护国家安全的手段比较

国别	1950~ 1959 年	1960~ 1969 年	1970~ 1979 年	1980~ 1989 年	1990~ 1999 年	2000~ 2009 年	2010 年 至今
日本	发展经济、自卫队	发展经济、自卫队	结盟、非军事手段	结盟、非军事手段	成立人类安全委员会	设立国家安全保障局	设立国家安全保障局
英国	核威慑、与美国合作	核威慑、与美国合作	核威慑、与美国合作	核威慑、与美国合作	与北约合作	结盟、核威慑、增加国防预算开支	结盟、核威慑、增加国防预算开支
美国	军备竞赛、结盟对抗	军备竞赛、结盟对抗	军备竞赛、结盟对抗	军备竞赛、结盟对抗	输出价值观	建立国土安全部、反恐	介入地区安全事务
俄罗斯	缓和与美国及盟友的关系	缓和与美国及盟友的关系	缓和与美国及盟友的关系	缓和与美国及盟友的关系	缓和与美国及盟友的关系	军事、结盟	军事、经济
澳大利亚	与美国结盟	与美国结盟	与美国结盟	与美国结盟	与美国结盟	通过法案、增加预算、进行反恐行动	颁布《国家安全声明》

五　国家安全文化内涵比较

受传统现实主义理论的影响，国家安全文化曾长期呈现为二元对立，认为国家是为争夺权力而开展斗争，权力即是目的，国家之间的关系就是"你输我赢"的零和博弈。这种安全文化也贯穿于各国国家安全观的实践之中，主权国家通常通过优先发展军事来确保本国的相对优势地位。市场化、全球化、信息化的发展改变了这一逻辑，由于国家间的相互依存程度空前提升，加之国家安全问题的跨界性，促使各国以合作、开放的态度来应对新的安全挑战，如表 4-10 所示。其中美国是较为极端的例外，特别是在特朗普任期内，单边主义和反全球化色彩浓厚，极大地阻碍了全球化进程。

表 4-10　各国国家安全文化内涵比较

国别	1950~1959年	1960~1969年	1970~1979年	1980~1989年	1990~1999年	2000~2009年	2010年至今
日本							
英国					以合作应对全球性问题		
美国							单边主义
俄罗斯		二元对立					
澳大利亚						寻求合作	绝对安全

六　平衡内、外部国家安全的比较

主权国家对内、外部国家安全的平衡经历了从注重外部安全到注重内部安全再到兼顾内、外部安全的发展过程，如表 4-11 所示。外部安全优先于内部安全是 21 世纪之前各国普遍的安全战略选择，之后伴随安全环境形势的变化，兼顾内部和外部安全成为各国的共识。

表 4-11　各国平衡内、外部国家安全的比较

国别	1950~1959年	1960~1969年	1970~1979年	1980~1989年	1990~1999年	2000~2009年	2010年至今
日本							
英国							
美国		外部安全				兼顾内、外安全	
俄罗斯						内部安全	
澳大利亚							

第四节　国家安全观实践中的国际经验与启示

对各国在各个具体维度上的比较可以让我们更好地把握国家安全

观的历史、现状与未来发展趋势，从中汲取值得中国借鉴的经验或教训。

第一，传统安全与非传统安全是紧密相连、相互渗透转化的，传统安全必然是国家安全的重要基石。没有强大的军事力量、稳定的政治环境以及有力的外交形象，恐怖袭击、公共卫生危机等非传统安全问题的应对犹如纸上谈兵。同样，以非传统安全思维加持的国家安全观也会极大地提升国家安全系数。这是各国国家安全观历史实践的经验教训，也是中国总体国家安全观中的重要关切，在总体国家安全观的 11 个安全领域中，传统安全占据 3 项，非传统安全占据 8 项，展现出我国对非传统安全的重视，体现出我国国家安全观念的超越和提升。

第二，维护国家安全的手段要具有多样性和灵活性，以应对不同的安全威胁。梳理各国国家安全实践的历史脉络可以发现，各国维护国家安全的手段不尽相同，如通过军事演习、军事合作、军事威慑和战争等军事手段，通过结盟、依附等外交手段，通过建立、强化国家安全机构的政治手段，通过经济发展的经济手段，等等。维护国家安全的各类手段各有利弊，如何选择需要根据对安全环境的研判和对安全威胁的强弱的判断，形成有效维护国家安全的手段组合和工具箱，避免手段单一可能造成的被动局面。同时，要保持安全手段的灵活性，以应对安全威胁变化的可能，实现应对策略转变的平稳过渡与有效衔接。

第三，要统筹国家安全与国际安全。随着政治多极化、经济全球化、信息社会化的发展，片面追求"绝对安全"的思路已然走不通，以邻为壑、置他国安全于不顾或者为谋求本国利益侵害他国正当权益的行为，必然会给本土招致不安全因素。各国的国家安全战略表明，需要在重视自身安全的同时关注共同安全，推动各个主体朝着互利互惠、共同安全的方向前进。这个问题的本质在于国家安全在国际社会的公共性，习近平曾在 2015 年的博鳌亚洲论坛上指出："当今世界，安全的内涵和外延更加丰富，时空领域更加宽广，各种因素更加错综复杂。各国人民命运与共、唇齿相依。当今世界，没有一个国家能实现脱离世界安全的自身安全，也没有建立在其他国家不安全基础上的安全。"① 2015 年 9 月 28 日，习近平在第七十届联合国大会一般性辩论时的重要讲话中再次指出："在经济全球化时代，各国安全相互关联、彼此影响。没有一个国家能凭一己之力谋求自身绝对安全，也没有一个国家可以从别国的动荡中收获稳定。"② 这体现出在新的时代背景下，国家安全的概念绝不仅仅局限在某一国或者其他同盟国，需要囊括对手和中立国，国际安全需要建立在共享生存的基础上。③ 构建人类命运共同体的价值也由此体现，维护国家安全的实践需要融入到全球治理当中，要积极、有建设性地参与解决热点难点问题，促进国际安全与世界发展。④

第四，要以国家安全能力建设实现国家总体安全。国家安全的实现与国家安全能力密切相关，国家安全能力指的是国家维护国家安全利益的总体能力，包括经济能力、政治能力和军事能力等，国家安全能力的强弱直接关乎国家是否能够实现"可持续"安全。在多维度的国家安全能力中，经济能力是关键的一环，发展是安全的基础，持久的安全状态依赖于可持续发展。自 20 世纪起，日本在美国的庇护

① 《习近平关于总体国家安全观论述摘编》，中央文献出版社，2018，第 236 页。
② 《习近平关于总体国家安全观论述摘编》，中央文献出版社，2018，第 240 页。
③ 苏长和：《从国家安全到世界安全——现实主义及其后》，《欧洲》1997 年第 1 期。
④ 《把握总体国家安全观的科学内涵》，中国共产党新闻网，http://theory.people.com.cn/n1/2016/0229/c40531-28158630.html。

下积极发展经济，这为后期日本建立独立的自卫力量奠定了基础。军事能力是国家安全的重要保障能力，以俄罗斯为例，俄罗斯虽然正向新型的国家安全观过渡，但是国防安全仍然占据其安全体系的首位，主要运用军事化的手段来解决国家安全问题。政治能力对于我国来说尤为重要，这要求把握方向、大势和全局，关键在于加强党的执政能力，以稳定的政治环境来实现内部安全和外部安全。目前，我国海外利益不断增加，这对我国的安全维护能力提出了更高的要求，中国如何在坚持"结伴而不结盟"的原则下增强维护国家总体安全的能力是一个重要议题。①

---

① 凌胜利、杨帆：《新中国 70 年国家安全观的演变：认知、内涵与应对》，《国际安全研究》2019 年第 6 期。

第五章　总体国家安全观指导下的
　　　　国家安全治理新要求和总布局

第一节　总体国家安全观对我国国家安全治理提出的新要求

传统安全观认为，国家安全事务仅仅包括政治安全、军事安全等。随着习近平提出总体国家安全观和新《国家安全法》的出台，传统安全观对国家安全的认识得到了修正。习近平指出，总体国家安全观是"以人民安全为宗旨，以政治安全为根本，以经济安全为基础，以军事、文化、社会安全为保障，以促进国际安全为依托，走出一条中国特色国家安全道路"，"构建集政治安全、国土安全、军事安全、经济安全、文化安全、社会安全、科技安全、信息安全、生态安全、资源安全、核安全等于一体的国家安全体系。"① 由此可见，习近平提出的总体国家安全观改变了传统安全观仅仅把安全事务局限于政治、军事传统安全事务的看法，国家安全治理对象由传统安全事务范围扩大到非传统安全事务范围。由于国家安全事务性质、地位的

① 《习近平关于社会主义社会建设论述摘编》，中央文献出版社，2017，第170~171页。

变化，对其治理的主体和治理工具的选择也就不同，特别是随着国家安全事务范围的不断扩大，其复杂性和多样性也不断提升。参考学界已有的研究成果①，总体国家安全观对我国的国家安全治理主要提出了以下几点新要求。

一　由单一主体向多元主体转变

传统安全治理主体特指狭义国家安全职能机关，包括军事、公安、国安、武警等部门在内的国家强制机关，其他组织和公民个人都不是安全治理主体。在单一治理主体模式中，国家安全职能机关作为国家安全治理唯一主体，对国家安全事务治理以及维护国家安全负有主责；其他国家机关、政党组织、社会团体、企事业单位和公民都处于从属地位，只负有对安全治理主体和国家安全工作进行配合的义务。

单一主体治理模式只适合对简单国家安全事务的治理，面对当前复杂多变的全球风险，面对世界百年未有之大变局，在总体国家安全观指导下的国家治理，涉及领域广泛，系统性风险和新兴风险挑战加剧，因此仅依靠单一主体治理模式无法实现国家治理现代化。2015年颁布的新《国家安全法》第十一条规定："中华人民共和国公民、一切国家机关和武装力量、各政党和各人民团体、企业事业组织和其他社会组织，都有维护国家安全的责任和义务。"第三十九条规定："中央国家机关各部门按照职责分工，贯彻执行国家安全方针政策和法律法规，管理指导本系统、本领域国家安全工作。"由此可见，新

---

① 李文良：《新时代中国国家安全治理模式转型研究》，《国际安全研究》2019 年第 3 期。

《国家安全法》将军事机关、公安机关、武警以及其他国家机关、各政党和各社会团体及各企业事业组织、公民与国家安全部门，都视为安全治理主体，因为，新《国家安全法》第十一条把维护国家安全的"责任"和"义务"相统一，这意味着任何组织和公民个人都要履行安全治理的主体责任和义务，否则就要被相关部门追究责任。另外，新《国家安全法》第三十九条直接要求中央国家机关各部门履行"管理指导本系统、本领域国家安全工作"的安全治理主体责任。在多元治理主体模式中，各安全治理主体之间构成平等关系，即其他组织和公民个人与国家安全职能机关一样都负有维护国家安全、履行安全治理的职责。

由此可见，多元治理主体是一种主动性治理，是国家安全治理主体对各自承担的安全职责各司其职；多元治理主体是一种合作治理，是治理主体间就安全治理事务的合作。同样，多元治理主体是一种追责治理。总体国家安全观的实践性强调了全社会对国家治理参与的重要作用，由单一治理主体向多元治理主体转变是适应时代发展的需要提升我国安全治理现代化水平的重要途径。

二 由行政治理向法治治理转变

随着总体国家安全观的提出，特别是国家安全法治化的不断完善，行政治理模式逐渐向法治治理模式转型，包括科学立法、严格执法、公正司法和全民守法几个方面。具体而言，第一，国家要科学制定反映广大人民共同意志和利益的、有利于国家安全治理工作的法律、法令、条例、决议、命令和地方性法规，使国家安全治理工作法律化、制度化。国家应该对国家安全工作如安全职能设置、安全机构构建、安全行为性质、管理方式选择等进行相关立法，尽量做到全面，不留法律盲区，使国家安全治理工作有法可依，为国家安全工作提供有力保障。第二，在国家安全管理工作中，要做到有法必依，执法必严，违法必究。任何安全治理主体要树立法律至上理念，一切组织和个人都必须在国家宪法和法律的范围内活动，都不能有超越法律之外的特权；拥有执法权的国家安全部门及其工作人员的行为，必须有法律根据，不得超出法律规定的范围，既要防止和反对在执法和护法的活动中可能出现的专横和对权力与职位的滥用，也要防止和反对主观主义、命令主义、官僚主义。尤其重要的是，总体国家安全观的人民性特征要求国家安全机关保障广大公民的合法权益不受侵犯，必须在国家法律允许的限度内行使自己的职权，不允许滥用职权损害公民的合法权利；在国家安全工作中，任何人，不管地位多高、功劳多大都没有违法、犯法的特权，任何人的违法犯罪行为都应依法承担应有的法律责任。第三，司法部门及其工作人员办理涉及国家安全的案件时应坚持和体现公平和正义的原则。凡是涉及国家安全的案件都关乎国家利益和公共利益，同时也关系嫌疑人的重大关切，如政治权利，甚至生命，因此，司法部门及其工作人员在办理涉及国家安全的案件时，一定要在事实清楚、证据确凿、适用法律准确的基础上，达到既要维护国家安全，又要维护当事人在正义的基础上拥有的正当权利。第四，全民守法。为了维护国家安全，任何组织和个人都有义务遵守国家安全法律、法令、条例、决议、命令和地方性法规，夯实国家安全治理工作的群众基础和法律基础。党的十八届四中全会第一次在法治建设中将守法提高到与立法、执法、司法同等重要的地位，弥补了依法治国建设中的"木桶短板"。新《国家安全法》把每年4月15日定为全民"国家安全教育日"，在国家安全法治建设中，全民守法具有重要意义。

三 由强制性治理工具向强制性与非强制性相结合的治理工具转变

作为安全治理主体，国家安全职能机关如军事、公安、国安、武警等，代表国家从事安全治理活动，履行安全治理职责，安全治理手段主要是强制力，即行使法律授予的权力，这就意味着安全治理获得了国家强制力的支撑，其行为具有法定的权威性。

随着总体国家安全观和几部重要国家安全法律的陆续出台，中央国家机关（国家安全责任机关）和各社会团体及各企业事业组织、公民与国家安全职能部门一样都是安全治理主体，但这些安全治理主体与国家安全部门有着本质的区别，这些主体没有强制性权力支撑，只是获得履行安全治理职责的合法性支撑。正是因为国家安全法律除了为这些国家安全治理主体从事国家安全治理提供合法性外，没有授予它们与国家安全职能机关履行安全治理职责相同的强制性工具，即执法权和处置权。因此，这些主体履行安全治理职责的工具只能是非强制性权力，它们往往采用非强制性工具来履行国家安全职责。由此可见，由于多元安全治理主体的存在，它们的自身性质和安全职责不同，所采取的治理工具也不同，如国家安全职能机关采用强制性工具，其他治理主体采用非强制性工具，因此，国家安全治理模式由强制治理向综合治理转变迫在眉睫。

四 由封闭治理向开放治理转变

新《国家安全法》第三十三条规定："国家依法采取必要措施，

保护海外中国公民、组织和机构的安全和正当权益，保护国家的海外
利益不受威胁和侵害。"这就从法律维度要求国家安全治理主体，特
别是国家安全职能机关履行维护中国海外利益安全的职责。随着
"一带一路"倡议的推进与海外中国公民和国家利益的不断增加，国
家安全治理模式也要由封闭治理向开放治理转变，以便适应新情况的
需求。中国国际秩序观的转变，使中国参与全球治理的深度和广度发
生了质的飞跃，正如习近平于 2014 年 3 月 28 日在德国科尔伯基金会
的演讲中所指出的那样："贡献完善全球治理的中国方案，为人类社
会应对 21 世纪的各种挑战作出自己的贡献。"① 中国方案主要体现在
"一带一路"倡议、亚洲基础设施投资银行等，这些全球公共物品不
但为中国人民，也为世界人民谋福利。由此可见，国家安全机构作为
以维护国家和人民利益以及维护世界和平为使命的安全治理主体，那
种封闭式安全治理模式已经无法满足中国深度参与全球治理、履行大
国担当职责的需要，应该向开放式安全治理模式转变。

第二节　总体国家安全观指导下的我国国家安全总体布局

一　进一步健全国家安全体制机制

国家安全体制机制的完善需要做以下五个方面的工作。第一，成
立国家的国家安全委员会，调整现有国安部门的名称，理顺党政关系
和国家安全事务的关系。目前，我国已经设置了中央国家安全委员

---

① 习近平：《出席第三届核安全峰会并访问欧洲四国和联合国教科文组织总部、欧盟
总部时的演讲》，人民出版社，2014，第 36 页。

会，但理顺国家安全管理中各种关系的任务，特别是中央一直强调的"健全国家安全体制机制"的任务，还没有完成。从理顺关系上看，需要尽快成立"国家的国家安全委员会"。比较现实可行的做法，是比照中央军事委员会一套人马两块牌子的模式，在"中共中央国家安全委员会"上再挂"中华人民共和国国家安全委员会"牌子，使其同时成为国家机构。①

第二，进行国防与军队改革，完善国家安全支撑体系。在 2013 年 11 月决定设立国家安全委员会的党的十八届三中全会上，"深化国防和军队改革"作为单独一章写进了《中共中央关于全面深化改革若干重大问题的决定》中。该决定要求："紧紧围绕建设一支听党指挥、能打胜仗、作风优良的人民军队这一党在新形势下的强军目标，着力解决制约国防和军队建设发展的突出矛盾和问题，创新发展军事理论，加强军事战略指导，完善新时期军事战略方针，构建中国特色现代军事力量体系。"② 为了切实做好国防和军队改革，中央军委成立了由习近平任组长的"深化国防和军队改革领导小组"。2014 年 3 月 15 日，中央军委深化国防和军队改革领导小组第一次全体会议召开，强调"深化国防和军队改革，要把思想和行动统一到党中央和中央军委的决策部署上来，坚持用强军目标审视改革、以强军目标引领改革、围绕强军目标推进改革"③。2016 年 1 月，《中央军委关于深化国防和军队改革的意见》公布，军改的总体目标被定位为：牢牢把握"军委管总、战区主战、军种主建"的原则，以领导管理体制、联合作战指挥体制改革为重点，协调推进规模结构、政策制度

---

① 李敏：《中国国家安全大布局——专访国际关系学院教授刘跃进》，《领导文萃》2016 年第 18 期。
② 《十八大以来重要文献选编》（上），中央文献出版社，2014，第 542 页。
③ 《习近平关于全面深化改革论述摘编》，中央文献出版社，2014，第 125~126 页。

和军民融合深度发展改革。按照总体目标要求，2015 年，重点组织实施领导管理体制、联合作战指挥体制改革；2016 年，组织实施军队规模结构和作战力量体系、院校、武警部队改革，基本完成阶段性改革任务；2017~2020 年，对相关领域改革作进一步调整、优化和完善，持续推进各领域改革。政策制度和军民融合深度发展改革，成熟一项推进一项。目前，国防与军队改革已经取得初步成效，但更深入的改革还在继续。

第三，从政策、科技、管理等多个方面，健全国家安全保障体系。2016 年 3 月公布的《中华人民共和国国民经济和社会发展第十三个五年（2016-2020 年）规划纲要》提出要建立健全国家安全保障体制机制，主要内容包括：①制定实施政治、国土、经济、社会、资源、网络等重点领域国家安全政策，明确这些重点安全领域的中长期安全目标和政策措施，提高应对各种风险挑战的能力；②加强国家安全科学技术发展和装备建设，建立健全国家安全监测预警体系，强化不同领域监测预警系统的整合，提升安全信息的搜集、分析和处理能力；③建立外部风险冲击分类分级预警制度；④加强对重大安全风险的监测评估，制定国家安全重大风险事件应急处置预案；⑤健全国家安全审查制度和机制；⑥对重要领域、重大改革、重大工程、重大项目、重大政策等进行国家安全风险评估；⑦建立重点领域维护国家安全工作的协调机制，加强国家安全工作的组织协调。虽然"十三五"期间中国国家安全保障机制建设取得了显著进步，但是"十四五"期间依然要在以上各方面继续努力。

第四，关注多个领域的国家安全任务，进一步完善国家安全体制机制的一些具体事项。例如，在社会安全领域，"要完善立体化社会治安防控体系，提高社会治理整体水平，注意从源头上排查化解矛盾纠纷。要加强交通运输、消防、危险化学品等重点领域安全生产治理，遏制重特大事故的发生"①。又如，在信息安全领域，"要筑牢网络安全防线，提高网络安全保障水平，强化关键信息基础设施防护，加大核心技术研发力度和市场化引导，加强网络安全预警监测，确保大数据安全，实现全天候全方位感知和有效防护"②。还有，在外部安全方面，"要积极塑造外部安全环境，加强安全领域合作，引导国际社会共同维护国际安全"③。同时，还"要加大对维护国家安全所需的物质、技术、装备、人才、法律、机制等保障方面的能力建设，更好适应国家安全工作需要"④。

第五，加强各个部门之间的协同研判、联动处置和设立联席会议，进一步完善国家安全体制机制的合作机制。目前中国的国家安全形势较为复杂，国际上以美国为首的西方资本主义国家对中国的崛起设置重重关卡，周边一些邻国与中国的历史矛盾尚未解决，加之美国的煽动，周边安全问题较为严重；国内由于经济发展出现了社会分化严重、环境污染严重、社会安全事件频发等问题。从目前的情况来看，这些风险之间并不是孤立的，而是互相影响、互相交织在一起的，并且一件事发生之后往往会牵动其他事件的发生，这就对于国家安全的管理提出了巨大的挑战，各相关职能部门不但要清楚自己所辖领域风险的类型，还要对于其他领域的风险具有清晰的判断，那么加强各个部门之间的协同研判以及联动处置就是非常必要的。同时，设立各个行业、政府部门人员以及专家学者的联席会议，对于国家安全的形势做出预判，研究报告可以考虑向社会发布。国家安全是一个抽

---

① 《习近平关于总体国家安全观论述摘编》，中央文献出版社，2018，第 12 页。
② 《习近平关于总体国家安全观论述摘编》，中央文献出版社，2018，第 12~13 页。
③ 《习近平关于总体国家安全观论述摘编》，中央文献出版社，2018，第 13 页。
④ 《习近平关于总体国家安全观论述摘编》，中央文献出版社，2018，第 13 页。

象的概念，也是一个综合的认知，某一个人或者某一群比较相似的人做出的判断往往会有失偏颇，这就需要建立常规化、制度化的平台，让其他部门的社会群体发出自己的声音，形成对国家安全形势的共同认知，这也有利于各个部门对于国家安全实践的管理和执行。

二　进一步完备以新《国家安全法》为基准的国家安全法律体系

党的十八届三中全会通过的《关于全面深化改革若干重大问题的决定》中提出要设立国家安全委员会，强调了完善国家安全体制和国家安全战略的问题。之后，习近平在中央决定设立国家安全委员会的时候，明确把"推进国家安全法治建设"作为国家安全委员会的主要职责之一。但是，目前我国的国家安全法律体系不完善，国家安全法治建设相对滞后，一些重要的修法和立法难以完成。例如，在信息时代，信息情报工作越来越重要，但长期以来没有相应的法律条款，更没有相应的专门法律，相应的立法工作始终没有结果。在这种情况下，将"推进国家安全法治建设"作为国家安全委员会四大职责之一，具有非常重要的现实意义，对后来相关立法工作的迅速推进和相关法律的及时出台起到了重要推动作用，而且还将继续发挥重要的推动作用。

首先，多年来学者们关于修订 1993 年版《国家安全法》的建议很快有了结果，由旧《国家安全法》修订而来的《反间谍法》于 2014 年 11 月颁布实施，同时旧《国家安全法》被废止，名副其实的新《国家安全法》于 2015 年 7 月 1 日颁布实施。无论是《反间谍法》还是新《国家安全法》，都非常重视国家安全与公民权利的平衡，在赋予反间谍机关和其他国家安全职能部门相关职权的同时，也对其职权的行使做出了明确限制。例如，《反间谍法》规定："反间谍工作应当依法进行，尊重和保障人权，保障公民和组织的合法权益。""任何个人和组织对国家安全机关及其工作人员超越职权、滥用职权和其他违法行为，都有权向上级国家安全机关或者有关部门检举、控告。受理检举、控告的国家安全机关或者有关部门应当及时查清事实，负责处理，并将处理结果及时告知检举人、控告人。""国家安全机关工作人员滥用职权、玩忽职守、徇私舞弊，构成犯罪的，或者有非法拘禁、刑讯逼供、暴力取证、违反规定泄露国家秘密、商业秘密和个人隐私等行为，构成犯罪的，依法追究刑事责任。"再如，新《国家安全法》规定："维护国家安全，应当遵守宪法和法律，坚持社会主义法治原则，尊重和保障人权，依法保护公民的权利和自由。""国家机关及其工作人员在国家安全工作和涉及国家安全活动中，应当严格依法履行职责，不得超越职权、滥用职权，不得侵犯个人和组织的合法权益。"这说明，无论是《反间谍法》还是新《国家安全法》，都贯彻落实了总体国家安全观，体现了"以人民安全为宗旨"的国家安全核心价值观。此外，新《国家安全法》在规范各种传统国家安全问题的同时，还对大量非传统安全问题做了规范，在涉及政治、军事、领土、主权等传统国家安全领域的同时，也涉及了科技、文化、生态、信息等非传统国家安全领域。这样的法律规范反映出中国国家安全立法的重大进步，给中国国家安全法治建设提供了良好的法律文本和法律依据。

其次，《反恐怖主义法》《境外非政府组织境内活动管理法》《网络安全法》等国家安全类法律陆续出台，使国家安全法律体系的完善又向前迈出重要一步。2015 年 12 月 27 日颁布、2016 年 1 月 1 日起实施的《反恐怖主义法》第一条指出："为了防范和惩治恐怖活动，加强反恐怖主义工作，维护国家安全、公共安全和人民生命财产安全，根据宪法，制定本法。"这说明，反恐是维护国家安全的需要，也是维护公共安全和人民生命财产安全的需要。《反恐怖主义法》虽然不能说是一部专门的国家安全法律，但其首要功能则在于保障国家安全。2016 年 4 月 28 日颁布、2017 年 1 月 1 日起实施的《境外非政府组织境内活动管理法》，虽然其立法宗旨在第一条中被概括为"为了规范、引导境外非政府组织在中国境内的活动，保障其合法权益，促进交流与合作"，但从非传统安全观来看，这部法律不仅与国家安全密切相关，而且在很大程度上也是一部名称中不含"国家安全"一词的国家安全法律。这是因为，境外非政府组织在一国国内的活动，如果不受法律规范制约，势必给国家安全带来多方面的不良影响。因此，本法第四十三条规定："国家安全、外交外事、财政、金融监督管理、海关、税务、外国专家等部门按照各自职责对境外非政府组织及其代表机构依法实施监督管理。"2016 年 11 月 7 日颁布、2017 年 6 月 1 日起实施的《网络安全法》，在第一条立法宗旨中，国家安全被明确提了出来："为了保障网络安全，维护网络空间主权和国家安全、社会公共利益，保护公民、法人和其他组织的合法权益，促进经济社会信息化健康发展，制定本法。"

最后，按照全国人大常委会立法规划与国民经济和社会发展规划，还有大量的国家安全法律将在未来几年内颁布实施。在 2015 年 6 月 1 日修订的《十二届全国人大常委会立法规划》中，除《军事设施保护法》（2014 年 8 月 1 日修订）《反间谍法》《国家安全法》《反恐怖主义法》《境外非政府组织境内活动管理法》（规划中的名称是《境外非政府组织管理法》）及《国防交通法》《网络安全法》等法律制定或修订完成并已颁布外，还有《陆地国界法》《人民防空法》

《现役军官法》《核安全法》《航空法》《国家经济安全法》等国家安全法律也在规划的名录之中。2018 公布的《十三届全国人大常委会立法规划》中，将有《现役军官法》（修改）及《人民武装警察法》《长江保护法》《密码法》《原子能法》《数据安全法》《粮食安全保障法》等多部与国家安全相关的法律在任期内提起审议。2016 年出台的《十三五规划纲要》，把"加强国家安全法治建设"作为重要内容，在要求"贯彻落实国家安全法，出台相关实施细则"的同时，还计划"推进国家经济安全、防扩散、国家情报、网络安全、出口管制、外国代理人登记、外资安全审查等涉及国家安全的立法工作，加快健全国家安全法律制度体系，充分运用法律手段维护国家安全。"其中提到的《网络安全法》此后不久就颁布了，《国家经济安全法》也已经出现在全国人大立法规划中，《国家安全法实施细则》《防扩散法》《国家情报法》《出口管制法》《外国代理人登记法》《外资安全审查法》等法律也陆续进入立法规划。在这些法律修订或制定完成并颁布实施后，中国将初步形成一个比较完善的国家安全法律体系。2020年 10 月 29 日通过的《国民经济和社会发展第十四个五年规划和二〇三五年远景目标的建议》，提出"健全国家安全法治体系、战略体系、政策体系、人才体系和运行机制，完善重要领域国家安全立法、制度、政策"①。国家安全法律体系建设将会进一步推进落实。

虽说国家安全立法是"推进国家安全法治建设"的起点和重要一步，但比较完善的国家安全法律体系的形成并不是国家安全法治建设的完成。与社会主义法治建设的其他领域一样，国家安全领域仅仅"有法可依"还不是"国家安全法治"。"国家安全法治"不仅要求

---

① 《十九大以来重要文献选编》（中），中央文献出版社，2021，第 812 页。

"有法可依"，更要求"有法必依""执法必严""违法必究"。从中国整个法治建设现状来看，如果说其他领域尚远远没达到这一要求，那么国家安全领域要达到这一要求就更加困难了。因此，要真正"推进国家安全法治建设"，特别是最终实现国家安全法治，还有相当长的路需要法学界、国家安全学界、国家安全政界携手合作，共同跋涉。①

三　进一步明确以《国家安全战略纲要》为文本的国家安全方略

制定实施国家安全战略，是当今世界各国保障国家安全的重要措施之一。美国是世界上最早颁布实施《国家安全法》的国家，最早出台成文的国家安全战略文本的国家。美国于 1950 年出台的国家安全委员会第 68 号文件《美国国家安全的目标和计划》，被称为世界史上第一个成文的"国家安全战略"。美国国会 1986 年通过的《戈德华特—尼科尔斯国防部改组法》，规定"总统应每年向国会递交一份综合性的美国国家安全战略报告"。根据这一法案，里根总统于 1987 年向国会递交了一份完整成文的《美国国家安全战略报告》，这也成为历史上文本名称中直接包含"国家安全战略"一词的名副其实的国家安全战略。此后，每隔一两年，美国就出台这样一份完整成文的国家安全战略报告。冷战时期，苏联作为世界上唯一能够与美国抗衡的另一个超级大国，虽然有自己的国家安全战略，却一直没有完整成文的国家安全战略文本。1996 年，俄罗斯总统叶利钦向联邦委员会提交了《国家安全咨文》；1997 年底，又签署了俄罗斯独立以来

---

① 刘跃进：《中国国家安全顶层设计新思路》，《学习时报》2013 年 12 月 16 日。

的第一份《俄罗斯联邦国家安全构想》；2000 年，第二份《俄罗斯联邦国家安全构想》出台。这些文件在事实上构成了俄罗斯的国家安全战略文本。2009 年 5 月，梅德韦杰夫总统签署命令公布的《2020 年前俄罗斯联邦国家安全战略》，在内容上是对 2000 年版《俄罗斯联邦国家安全构想》的继承和发展。2015 年 12 月 31 日，普京总统批准了《俄罗斯联邦国家安全战略》，由此取代《2020 年前俄罗斯联邦国家安全战略》。日本在 2013 年 11 月 27 日成立"国家安全保障会议"后，12 月 17 日又通过日本历史上第一份《国家安全保障战略》，以规划日本未来 10 年的外交和安保基本方针。如今，世界主要大国都有本国不同形式的国家安全战略文本。

中国学界在世纪之交时就提出了制定中国国家安全战略的建议。① 此后，官方也开始探索制定我国的国家安全战略。2004 年 9 月党的十六届四中全会通过的《关于加强党的执政能力建设的决定》，首次提出了"完善国家安全战略"的任务。2013 年党的十八届三中全会再次提出"完善国家安全战略"。随着中央国家安全委员会于 2014 年 1 月成立，"制定和实施国家安全战略"成为其首要职责。② 在"总体国家安全观"提出后，中国第一个完整的国家安全战略文本《国家安全战略纲要》于 2015 年 1 月 23 日由中共中央政治局会议审议通过。这在中国国家安全理论与实践方面具有重要的开拓性意义，也是中国官方国家安全理论与实践的一个重要创新。《国家安全战略纲要》全文虽未公开，但可以从以下几个方面来理解。

首先，确立了国家安全战略的根本目标。《国家安全战略纲要》是在总体国家安全观指导下，根据总体国家安全观基本精神和主要内

---

① 刘跃进：《制定国家安全战略势在必行》，《国家安全通讯》2000 年第 1 期。
② 刘跃进：《"国家安全战略文本"推出为时不远》，《武汉宣传》2014 年第 2 期。

容制定的，是一部"以人民安全为宗旨"统领传统安全问题和非传统安全问题，着眼于全面保障中国国家安全的总体性国家安全战略。在审议通过《国家安全战略纲要》时，中共中央政治局会议认为："在新形势下维护国家安全，必须坚持以总体国家安全观为指导，坚决维护国家核心和重大利益，以人民安全为宗旨，在发展和改革开放中促安全，走中国特色国家安全道路。"① 由此，总体国家安全观确立的"以人民安全为宗旨"的核心价值观，首先被落实到国家安全战略文本中，成为中国国家安全战略的根本目标。把中国人民的利益和安全作为国家安全战略根本目标，既是贯彻落实总体国家安全观的必然要求，也是《中华人民共和国宪法》"一切权力属于人民"和《中国共产党党章》"全心全意为人民服务"精神实质的体现。在社会主义的中华人民共和国，人民的利益和安全，才是最核心最重大的国家利益和国家安全，才是国家安全战略恒久不变的根本目标。

其次，明确了国家安全战略的总体目标和具体目标。在确立国家安全战略根本目标的同时，《国家安全战略纲要》也必然要在总体国家安全观指导下确立国家安全战略的总体目标。中共中央政治局会议审议通过《国家安全战略纲要》时要求"坚持正确义利观，实现全面、共同、合作、可持续安全"②。这里的"坚持正确义利观"与"合作安全"，可以看作是实现安全的措施和手段，而"全面安全"

① 《中共中央政治局召开会议 审议〈国家安全战略（2021—2025 年）〉〈军队功勋荣誉表彰条例〉和〈国家科技咨询委员会 2021 年咨询报告〉中共中央总书记习近平主持会议》，央视网，https://tv.cctv.com/2021/11/18/VIDExky0qHJGWJHLuUbqo8j3211118.shtml。

② 《中共中央政治局召开会议 审议通过〈国家安全战略纲要〉》，新华网，http://www.xinhuanet.com/politics/2015-01/23/c_1114112093.htm？agt=5012。

"共同安全""可持续安全"，则是中国国家安全的总体目标。从空间布局看，中国国家安全战略总体目标是兼顾内部与外部、本国与他国、人与物、传统与非传统以及经济社会发展的"全面安全""共同安全"。从时间布局看，中国国家安全战略总体目标是兼顾当下与长远的"可持续安全"。"全面安全""共同安全""可持续安全"，是当前中国国家安全战略的总体目标。① 在根本目标和总体目标之外，《国家安全战略纲要》必然还会提出一些具体目标，如政治安全的目标、经济安全的目标、军事安全的目标、信息网络安全的目标、生态环境安全的目标等。

最后，制定了保障国家安全的战略措施和手段。审议通过《国家安全战略纲要》时，中共中央政治局会议还提出了实现国家安全战略目标、保障国家安全的重要战略措施和手段：①坚持以总体国家安全为指导；②增强忧患意识，做到居安思危，加强国家安全意识教育；③在发展和改革开放中促安全，走中国特色国家安全道路；④做好各个领域的国家安全工作；⑤把法治贯穿维护国家安全的全过程；⑥坚持中国共产党对国家安全工作的领导，建立集中统一、高效权威的国家安全领导体制和工作机制等。

在《国家安全战略纲要》的基础上，要推动"国家安全战略"向"国家安全方略"转变。在和平与发展日益成为时代主题的今天，已经越来越重视合作、共享、共赢，并越来越后置"战争"。虽说今天的国家安全并没有完全摆脱战争，而且也难以完全摆脱战争，但毫无疑问，国家安全已经不仅仅是战争问题。战争不仅不是解决国家安全问题的唯一手段，也不是解决国家安全问题的首选手段，而是最后

① 刘跃进：《新时期总体国家安全观指导下的中国国家安全战略目标及措施》，《江南社会学院学报》2015 年第 4 期。

的"保底手段"。在后置甚至摒弃战争成为保障国家安全的主流思维和主流行为的非传统安全思维中，把国家安全与"战"不可分割地联系在一起已经不合时宜。这一现实反映到语言中，就使汉语中的"国家安全战略"这个表述变得不再那么恰当、那么合适、那么准确了。因此，建议把"国家安全战略"改为"国家安全方略"。2016年12月9日，中共中央政治局会议审议通过《关于加强国家安全工作的意见》时认为："党的十八大以来，党中央高度重视国家安全工作，推动国家安全工作在制度、法治、方略、工作举措上取得了新的明显进展。"① 深入分析可以看出，在国家安全领域用"方略"一词，而不用"战略"的传统说法，使"国家安全战略"变为"国家安全方略"，体现了由传统安全观向非传统安全观、由传统安全思维向非传统安全思维的转变，有利于更好地应对传统安全问题与非传统安全问题相互交织这一更为复杂的国家安全形势。完善国家安全方略需要做好以下两个方面的工作。

第一，国家安全战略需要通过更加具体的国家安全方针政策加以贯彻落实。中共中央政治局会议审议通过《关于加强国家安全工作的意见》时指出："当前，我国社会政治大局总体稳定，但国家安全环境仍然复杂，对做好新形势下国家安全工作提出了更高要求。要准确把握我国国家安全所处的历史方位和面临的形势任务，认清加强国家安全工作的极端重要性，强化责任担当，加强国家安全能力建设，切实做好国家安全各项工作，切实维护国家主权、安全、发展利益，不断开创国家安全工作新局面。"会议强调："必须坚持总体国家安

---

① 《中共中央政治局召开会议 分析研究 2017 年经济工作 审议〈关于加强国家安全工作的意见〉》，中国政府网，http://www.gov.cn/xinwen/2016 - 12/09/content_5145 862. htm。

全观，以人民安全为宗旨，统筹国内国际两个大局，统筹发展安全两件大事，有效整合各方面力量，综合运用各种手段，维护各领域国家安全，构建国家安全体系，走中国特色国家安全道路；必须坚持集中统一、高效权威的国家安全领导体制；必须坚持国家安全一切为了人民，一切依靠人民；必须坚持社会主义法治原则；必须开展国家安全宣传教育，增强全社会国家安全意识。"①《关于加强国家安全工作的意见》的文件虽然与《国家安全战略纲要》一样没有公开，但根据报道中涉及的内容，这一决定指出了当前中国国家安全工作的具体任务，因而是一份从方针政策层次规划国家安全战略的更加具体的文本，从更好地体现非传统安全思维的视角来看，可以将其认为是更加具体的国家安全方略文本，是《国家安全战略纲要》的进一步完善。

第二，国家安全战略需要国家安全不同领域内的战略规划加以贯彻落实。在 2016 年 12 月 9 日中共中央政治局会议审议通过《关于加强国家安全工作的意见》后不到 20 天，中央网信领导小组批准了《国家网络空间安全战略》，并由网信办公开发布。《国家网络空间安全战略》开头写道："信息技术广泛应用和网络空间兴起发展，极大促进了经济社会繁荣进步，同时也带来了新的安全风险和挑战。网络空间安全（以下称网络安全）事关人类共同利益，事关世界和平与发展，事关各国国家安全。维护我国网络安全是协调推进全面建成小康社会、全面深化改革、全面依法治国、全面从严治党战略布局的重要举措，是实现'两个一百年'奋斗目标、实现中华民族伟大复兴

---

① 《中共中央政治局召开会议 分析研究 2017 年经济工作 审议〈关于加强国家安全工作的意见〉》，中国政府网，http://www.gov.cn/xinwen/2016 - 12/09/content _ 5145 862.htm。

中国梦的重要保障。为贯彻落实习近平主席关于推进全球互联网治理体系变革的'四项原则'和构建网络空间命运共同体的'五点主张'，阐明中国关于网络空间发展和安全的重大立场，指导中国网络安全工作，维护国家在网络空间的主权、安全、发展利益，制定本战略。"① 这里的"四项原则"和"五点主张"，是习近平 2015 年 12 月 16 日在第二届世界互联网大会发表主旨演讲时提出的。其中，"四项原则"具体指：①尊重网络主权；②维护和平安全；③促进开放合作；④构建良好秩序。"五点主张"分别是：①加快全球网络基础设施建设，促进互联互通，让更多发展中国家和人民共享互联网带来的发展机遇；②打造网上文化交流共享平台，促进交流互鉴，推动世界优秀文化交流互鉴，推动各国人民情感交流、心灵沟通；③推动网络经济创新发展，促进共同繁荣，促进世界范围内投资和贸易发展，推动全球数字经济发展；④保障网络安全，促进有序发展，推动制定各方普遍接受的网络空间国际规则，共同维护网络空间和平安全；⑤构建互联网治理体系，促进公平正义，应该坚持多边参与、多方参与，更加平衡地反映大多数国家的意愿和利益。

《国家网络空间安全战略》是总体国家安全观和《国家安全战略纲要》在网络安全领域的贯彻落实，从战略上阐明了中国关于网络空间发展和网络空间安全的重大立场和主张，明确了中国网络安全的战略方针和主要任务，成为指导当前和今后一段时间内中国网络安全工作的纲领性文件。以网络安全为例，其他国家安全领域也应尽快制定详细的战略规划，共同落实总体国家安全观。

---

① 国家互联网信息办公室：《国家网络空间安全战略》，新华网，http://www. xinhuanet. com/ politics /2016-12/27/c_1120196479. htm。

四 进一步拓展以"全民国家安全教育日"为抓手的国家安全宣传教育

进行国家安全宣传教育，是开展国家安全工作和强化公民国家安全意识的重要措施。进一步加强国家安全教育在当前的现实条件下需要做到以下几点。

第一，国家安全教育要以总体国家安全观为指导，在原有的反谍保密传统的狭义安全教育基础上，借助中央国家安全委员会的力量，在实际工作中丰富国家安全教育的内涵和外延，将传统的国防教育以及非传统的信息安全教育、生态安全教育等内容补充到总体国家安全教育的范畴。同时，大力加强非传统安全教育，逐步加大对科技安全、生态安全、网络安全等非传统安全领域的安全教育力度。自国家安全部于1983年成立以来，在很长一段时期内，我国的国家安全教育仅仅局限于反间谍情报方面，只是隐蔽战线的反谍防谍和保密方面的宣传教育，而不是完整意义上的国家安全宣传教育。传统的国家安全教育应当包括国防教育、保密教育、反间谍教育等。因此，把国家安全宣传教育等同于反谍防谍保密教育是狭隘的。虽然学术界早已创立了统一内部与外部、传统与非传统各方面安全问题的总体性国家安全理论——"国家安全学"①，但由于实务部门缺少专门性的国家安全机构的统领，故难以开展总体性国家安全宣传教育活动。然而，中央国家安全委员会的设立、总体国家安全观的提出、新《国家安全法》颁布实施为国家安全教育工作的推进提供了契机。在总体国家

①　刘跃进：《国家安全学》，中国政法大学出版社，2004，第5~20页。

安全观提出之后的初期，虽然中央国安办开始组织编写以总体国家安全观为主要内容的宣传教育材料，而且宣传教育部门也开始把总体国家安全观作为国家安全宣传教育的主要内容，但由于一时还没有真正理解总体国家安全观的深刻含义和丰富内容，具体工作中对总体国家安全观的落实一时难以全面到位，常常还是把反谍保密作为国家安全教育的主要内容。新《国家安全法》对"全民国家安全教育日"的确立，以及将国家安全纳入国民教育体系和公务员培训体系的规定，将以往不同名称、分门别类的国家安全教育，到统一完整的总体性国家安全宣传教育，是近年来中国国家安全宣传教育的重要转变，也是中国官方国家安全宣传教育的重要创新，通过自上而下布置的国家安全宣传教育的内容，形成了非传统的总体性国家安全思维和总体性国家安全认识。而在统一认识的基础上，要在我们不熟悉的非传统安全方面加强安全教育，增强安全意识，尤其是在科技安全、生物安全等新兴风险领域，由于原有的认识不足，风险复杂性强，还需要进一步部署安全教育工作，形成完整的总体国家安全教育体系。

第二，针对国家安全治理主体的责任感缺失问题，需要开展面向多主体的国家安全宣传教育，而不仅仅局限于领导干部的安全教育，还要对公众、企业社会组织等主体开展具有针对性的国家安全宣传教育；不仅仅局限于安全意识的培养，还要注重培养国家安全治理的责任感和主体意识。当前，在"全民国家安全教育日"活动开展以后，司法部、全国普法办也发出了深入开展国家安全法普法宣传的通知，要求认真学习习近平关于国家安全工作和总体国家安全观的系列重要论述，全面学习宣传总体国家安全观的战略思想，大力宣传《国家安全法》等法律法规和基本知识，并提出一系列具体要求。包括湖北各地开展了内容丰富、形式多样的国家安全宣传教育活动，其中最重要的内容之一，就是向广大干部群众讲解总体国家安全观和新《国家安全法》。这都体现了我国国家安全教育工作中对领导干部安全意识培养的重视，同时，在学校的教育方面也不断培养学生的国家安全意识，将国家安全的宣传工作推进校园。江苏省国家安全厅和教育厅根据以往国家安全教育进学校的经验，修订编写新的中小学国家安全教育系列读本，把国家安全教育从过去的反谍保密教育推进到总体国家安全观教育的新阶段。2016 年 4 月 15 日第一个全民国家安全教育日到来之际，这套新编的国家安全教育读本陆续进入江苏省部分中小学，成为在中小学开展总体性国家安全观教育的优秀教材。2016年 8 月，人民出版社出版了从小学到大学六本一套的《国家安全教育》读本，为全国各地在各级各类学校深入开展总体性国家安全观教育提供了一套教材和教学参考书。然而，国家安全教育不应该停留在对领导干部和学生的宣传教育层面，需要全面系统的教育工作，针对不同类别的群体开展有针对性的安全教育，促使个体不仅懂安全、增强安全意识，还要主动去宣传和管理安全问题，增强主体的责任意识。

第三，改变原有的宣传教育方式，以"全民国家安全教育日"为抓手，推进多渠道、多种方式的国家安全教育，注重新的信息传播方式，运用新媒体的力量提高国家安全教育的广度和深度。而且宣传教育的组织者也不再是过去的国家安全部和地方国家安全厅局，而是从上到下的统领性国家安全领导机关，即中央的国家安全委员会、国家安全委员会办公室，组成人员不同于以往的地方各级国家安全领导小组等更高层级的政府机关，以及各个社会组织甚至是公民个体。当前，从中央到地方，各级国家安全领导机关、国家安全部和国家安全厅局、宣传教育部门，在"全民国家安全教育日"已经安排部署了一系列非传统形式的国家安全宣传教育活动。例如，中央电视台在2016 年 4 月 15 日"新闻联播"节目中，头条播出"习近平在首个全民国家安全教育日之际做出重要指示强调 汇聚起维护国家安全强大力量 不断提高人民群众安全感幸福感"的消息。同日，"焦点访谈"节目播出"致命的密码身边的'暗战'"，介绍了令人震撼的"黄宇间谍窃密案"。同日其他时段，央视动态播出了"反间谍法：参与间谍行为要及时坦白改过自新""身边的'暗战'：诱惑加威胁 不经意间落陷阱"等。此前此后，央视不同频道两次播出以总体国家安全观为主要内容的政论节目"总体安全 固本宁邦"。这一政论节目，以总体国家安全观和新《国家安全法》为主要内容，从传统和非传统多个方面介绍了当前中国的国家安全形势和动态，提醒人们要自觉从多方面维护国家安全。2016 年 9 月新学期到来之际，国际关系学院和智慧树在线教育平台联合开发的慕课"解码国家安全"在全国高校推广，首次就有 18 所高校选课，在线学习的有近 2000 名学生。可见，媒体在国家安全教育中起到了重要的作用，而随着信息化时代的到来，越来越多的西方价值观不断涌入中国人民的视野，外部环境的形势变化莫测，如果仍然局限于传统手段的宣传教育方式，很难实现理想的效果。因此，保障我国的文化安全、政治安全也同样需要借助新媒体的力量，动员国家安全治理的主体，从多种渠道进行国家安全宣传教育，鼓励新形式和新手段的运用，以推动国家安全治理体系的现代化建设。

由此可见，国家安全教育要以总体国家安全观为指导，在原有的反谍保密传统的安全教育基础上，大力加强非传统安全教育，逐步提高对科技安全、生态安全、网络安全等非传统安全领域的安全教育力度，提升国家安全教育的广度和深度，增强全社会的风险意识，尤其需要重视意识形态和互联网管理工作，保障我国的文化安全和政治安全。这要求我们不仅仅局限于原有的教育方式，在领导干部培训和高校教育的基础上也要借助新媒体平台对国家安全治理主体进行全方位的宣传教育，包括领导干部、广大群众、高校、企业、社会组织等，在实践中大力弘扬我国传统的风险文化，以"全民国家安全教育日"为热点积极部署国家安全教育工作，并鼓励主体之间的交流，如日益壮大的社会组织向普通公众传播和普及安全意识，增强责任感。

五 进一步完善以国家安全学学科建设为起点的国家安全专业教育

在普遍开展全民国家安全通识教育的同时，高等教育体系中的国家安全学专业教育和学科建设也逐渐起步，并取得了重要突破。在新《国家安全法》规定"将国家安全教育纳入国民教育体系和公务员教育培训体系"的情况下，国家安全学科建设和专业教育开始进入新阶段。未来要完善学科建设需要重点做好以下两方面的工作。

第一，完善现有国家安全学一级学科下的二级学科或者学科分类，充实学科建设。

2018年，教育部明确提出设立国家安全学一级学科。2020年12月，国务院学位委员会、教育部印发通知，批准设立国家安全学一级学科，并纳入新设立的交叉学科门类，但是并没有设置相应的二级学科或者学科方向，而且开展国家安全学教育的高校比较少，国家安全人才培养体系基础比较薄弱，培养教材也明显不足。教育部原副部长刘利民曾在《光明日报》发表题为《把国家安全教育纳入国民教育体系》的文章，既介绍了国民教育体系中国家安全通识教育开展的情况，也提出了国家安全学专业教育发展的现状和前景。其中提到，要加快培养国家安全工作专门人才和特殊人才，我国已开设与国家安全相关的信息安全、信息对抗、保密管理等 3 个本科专业，共布点 115 个，2015 年设立"网络空间安全"一级学科，29 所高校新增列或调整设立博士学位授权点，系统培养高层次网络安全人才。同时，教育部还提出了国家安全人才培养工作的部署：鼓励有关学位授予单位按照有关规定，加强国家安全各领域的人才培养工作；组织国家安全相关专业教学指导委员会，制定完善教学质量国家标准，作为专业准入、专业建设和专业评价的依据；联合有关部门实施"卓越工程师教育培养计划"，建立高校与行业企业联合培养人才的新机制，有针对性地培养适应国家安全工作需要的高素质工程技术人才。[1] 之后，共有 5 所高校在 2021 年获批国家安全学一级学科首批博士学位授权点。在国家安全培养教材建设方面，国内早期仅有几家高校开展这方面的教育工作，比如国际关系学院早在 20 世纪 90 年代中期，就开设了国家安全教育课程。随着国家安全教学的深入发展，国际关系学院从 1997 开始编写国家安全学教材，并在 2002 年内部出版了《国家安全学基础》，2004 年公开出版了《国家安全学》教材，初步构建了一个包括传统与非传统多方面内容的国家安全学理论体系。与此同时，国际关系学院的李竹教授 2004 年出版了首部《国家安全法学》，并被列为 21 世纪法学规划教材；2006 年，浙江大学余潇枫教授主编出版了《非传统安全概论》；2008 年，国防大学杨毅教授主编出版了《国家安全战略理论》；2013 年，军事科学院薛翔研究员主编出版了《国家安全战略学教程》；2014 年，国际关系学院李文良教授出版了中国首部《国家安全管理学》；同年，国际关系学院刘跃进教

———

① 刘利民：《把国家安全教育纳入国民教育体系》，《光明日报》2016 年 4 月 16 日。

授出版了专门研究国家安全学科建设的专著《为国家安全立学——国家安全学科的探索历程及若干问题研究》。这一系列成果为中国国家安全学理论创新、学科建设和专业设置奠定了良好基础。

第二，要探索构建国家安全学自主知识体系，为国家安全学学科体系建设提供强大支撑，加速推进国家安全学的创新发展。

党的二十大报告提出："加快构建中国特色哲学社会科学学科体系、学术体系、话语体系。"① 习近平强调："加快构建中国特色哲学社会科学，归根结底是建构中国自主的知识体系。"② 构建中国自主的知识体系已成为当前我国哲学社会科学建设领域的战略指引。中国自主知识体系包含学科体系、学术体系和话语体系。③ 国家安全学是一个新兴学科，构建国家安全学自主知识体系也成为当前学界的一项重大任务。因此，在构建国家安全学自主知识体系的背景和趋势下，国家安全学学科体系建设是其关键内容和基础；在构建国家安全学自主知识体系的进程中，也必将加速促进国家安全学学科体系的完善。

构建国家安全学自主知识体系首先要解决国家安全学思想理论基础薄弱的问题。第一个问题是，国家安全史和国家安全思想史研究和教学是国家安全学学科建设和专业教学亟须补齐的短板。国家安全思想和理论的出现要远远早于国家安全学学科的形成。它包括西方现代国家关系理论中的国家安全思想和理论，也包括更早的中国古代的各种国家安全思想和理论。要充分挖掘我国古代的国家安全思想理论，

---

① 习近平：《高举中国特色社会主义伟大旗帜　为全面建设社会主义现代化国家而团结奋斗——在中国共产党第二十次全国代表大会上的报告》，人民出版社，2022，第 43 页。
② 《坚持党的领导传承红色基因扎根中国大地，走出一条建设中国特色世界一流大学新路》，《人民日报》2022 年 4 月 26 日。
③ 郁建兴、黄飚：《构建建构中国自主知识体系及其世界意义》，《政治学研究》2023 年第 3 期。

为国家安全学专业研究生开设国家安全史方面的课程。这也是深化国家安全学理论和完善国家安全学学科体系的需要。第二个问题是，关于国家安全学理论中多个基本概念需要厘清。目前国内有许多对国家安全相关概念的解释存在大量问题，特别是乱用"内涵"和"外延"的情况，还有混淆语词解释、事实陈述和概念定义的情况，以及不合理引用政策文本与法律条款中相关定义作为标准的问题。要准确定义国家安全领域的各种概念，就必须严格区分这些不同情况，掌握逻辑学关于概念的理论以及关于概念定义的方法，科学、准确、合乎逻辑地定义各种概念，为国家安全学理论研究和学科建设奠定坚实的基础。①

构建国家安全学学科体系要以总体国家安全观为基础，关注国家安全中的交叉问题，强调国家安全学的科学性和人文性。总体国家安全观强调国家安全各要素构成一个相互联系和相互作用的统一整体，着眼于国家安全各领域间的联系和系统的演化，为构建学科自主知识体系提供了主体内容、逻辑架构和方法论基础，是国家安全学学科体系建设的指导思想。国家安全学融合了社会科学和自然科学的相关学科。从学科缘起与核心关切上看，国家安全学是一门基于政治学的综合性、应用性学科。因此，要运用系统思维、战略思维和创新思维，以交叉融合发展作为国家安全学学科范式的探索路径，把安全科学、系统科学、信息科学和统计学等学科的新技术、新方法、新手段融入国家安全学学科建设，以国家安全思想与理论、国家安全战略、国家安全治理、国家安全技术为学科理论体系和人才培养方向。② 同时，

---

① 刘跃进：《国家安全学理论中概念及其定义的几个问题》，《中共中央党校（国家行政学院）学报》2023 年第 4 期。

② 肖晞：《中国国家安全学的自主知识体系探索》，《世界经济与政治》2022 年第 7 期。

国家安全学研究要善于从不同领域间的交叉部分发现之前在各自领域中都没有涉足、具有系统隐蔽性和根本性的国家安全新问题，① 体现作为交叉学科的理论与实践价值，提升学科人才培养的丰富性和实践性，全面提升维护国家安全的能力。要特别指出的是，从科学性与人文性相统一的综合性学科属性来看，国家安全学尤其要强调价值观，就是要把国民安全放在国家安全的核心地位，将国民安全作为国家安全工作的宗旨。

在总体国家安全观提出和教育部设立国家安全学一级学科的背景下，我国的国家安全专业教育将会迅猛发展，招收国家安全学专业研究生的高校和科研机构不断增多，为各个领域的国家安全工作培养专门人才，从而使国家安全专业教育日益走向正规、科学、全面。未来，国家安全学学科建设也将会朝着总体性、综合性的方向不断突破和创新。

---

① 汪明：《构建国家安全学学科体系重在"总体"》，《光明日报》2022 年 5 月 24 日。

附录 国家安全态势评估方法

《周易·系辞下传》中说："君子安而不忘危，存而不忘亡，治而不忘乱，是以身安而国家可保也。"国家安全是人民幸福生活、安居乐业的头等大事，是中国实现"两个一百年"奋斗目标和中华民族伟大复兴中国梦的基础和保障。中华人民共和国成立 70 多年以来，中国正在由大变强，在取得历史性伟大成就的同时，也面临着安全领域的重大挑战，国内与国际安全形势深刻变革，安全领域新问题层出不穷，我国国家安全也随之呈现新的发展趋势。在新时代的背景下维护我国国家安全、把握我国国家安全的新态势、区分我国国家安全的不同类型、归纳我国国家安全问题的成因、建立我国国家安全的评估方法和探寻我国国家安全的治理路径就显得尤为必要。

一 国家安全定义

近年来，"呼吁拓展安全外延、建构'新安全观'的主张成为我国学术界的热门话题，同时也使'国家安全'具有了无限扩张，成为无处不在、无所不包的超级大问题的危险。如果最终结果是这样的话，将无法划分国家安全概念与其他概念的界限，也就无法开展对国家安全问题的任何有意义的研究"①，因此许多学者都认为，研究国家安全，就必须从回答什么是"国家安全"这一最基本的问题开始讨论。

对于"国家安全"如何定义，一直以来学界都有着不同的论述与争论，近 30 年关于"国家安全"及相关领域的讨论逐渐增多，近 10 年达到历史最深的研究程度，冷战和改革开放无疑对中国学术界研究国家安全相关问题起到了促进作用，但大多数学者对该概念的辨析只是一笔带过，没有深刻的讨论，2014 年以后，随着总体国家安全观的提出，学界对国家安全话语体系的重视程度提升到了历史最高。有学者②溯源"国家安全"一词的产生历程，发现早在 1934 年 7 月该称呼就明确出现在苏联的政府机构"国家安全总局"中。1943 年，美国国际问题专家李普曼提出了"national security"一词，他因此被学界公认为是首次提出"国家安全"概念的学者，李普曼对国家安全的定义奠定了领土完整、主权独立、有能力保护本国公民以及政治自主等国家安全概念的核心维度。何贻纶指出，国家安全就是指国家没有危险，不受威胁，是"由客观存在的生存状态和利益关系与反映这种客观存在的主观感受的有机统一所形成的结构，是国家间、国家与国际社会为谋求自身生存、免受威胁而形成的互动关系，其本质是国家生存利益的调试"③。类似的是，高宏强根据国家理论和安全理论指出，"国家安全就是一个国家处于没有危险的客观状态，也就是国家既没有外部的威胁和侵害又没有内部的混乱和疾患的

---

① 何贻纶：《国家安全观刍议》，《政治学研究》2004 年第 3 期。
② 刘跃进：《国家安全学学科建设的历程与新思考》，《北京教育（高教）》2019 年第 4 期。
③ 何贻纶：《国家安全观刍议》，《政治学研究》2004 年第 3 期。

客观状态"①，显然"没有危险"或"没有外部的威胁和侵害又没有内部的混乱和疾患"只能存在于理想的设定之中，现实国家运行中不可能出现这种绝对化的场景。从管理视角来看，李文良认为这种某一主体"没有危险、不受威胁"的状态只是单方面的安全，只能称作"半安全"或"准安全"，必须要加上该主体"免除危险、威胁"的能力，即当出现危险或威胁的状态时，主体可以运用自己免除危险、威胁的能力来维持自身的安全，从而达到安全的状态。因此，他将国家安全界定为状态和能力的结合，即"一个国家免受各种干扰、侵蚀、威胁和颠覆的状态和能力"。②

根据《中华人民共和国国家安全法》的阐释，国家安全是指国家政权、主权统一和领土完整、人民福祉、经济社会可持续发展和国家其他重大利益相对处于没有危险和不受内外威胁的状态，以及保障持续安全状态的能力。这种定义主要强调国家安全是国家处于不受威胁的状态，但从常识上来看，一个国家不可能消灭所有威胁，客观世界中的威胁就像细菌一样总是存在，不会凭空消失，因此安全作为主体的一种客观状态，并不意味着没有危险或者不受威胁。同理，国家处于安全状态，并不意味着该国家没有受到任何威胁，而是说明，在面临危险和威胁的情况下，该国家通过自身抵御、减少暴露等途径来降低风险程度直至能够接受的区间，达到了风险与安全相平衡的均衡状态。因此，笔者认为，国家安全是威胁、暴露程度、脆弱性决定的客观状态，以及基于现有风险程度和可接受的风险程度比较的主观评价。

---

① 高宏强：《当代中国主流意识形态与国家安全观的共生关系研究》，博士学位论文，内蒙古大学，2017。
② 李文良：《新时代中国国家安全治理模式转型研究》，《国际安全研究》2019 年第3 期。

二 国家安全评估理论框架

国家安全事件具有明显的联动性、整体性和突发性，再加上对国家安全进行多角度定义与认知，从而带给学者们的困惑是，如何测量、衡量评价安全状态，以及如何评估总体的国家安全。

张伟鹏在论述"一带一路"沿线非传统安全风险时提出了一种安全风险管理办法，即某个地区会"存在许多非传统安全危机的潜在诱发因素，每一种潜在的诱发因素都可能成为导致突发事件发生的引信，潜在诱发因素的'触发点'是导致突发事件的关键点"[1]。张伟鹏认为，如果一件突发事件发生之后，情况持续恶化，危险程度和破坏力持续增加直至难以控制，这个时候就越过了突发事件的"临界点"，就需要相关部门进行危机管理，以直接影响该地区的安全形势走向。余潇枫则从国际安全的视野来评估国家安全，提出"安全镶嵌"的模型，即个体国家的安全行为对由国家间关系构成的社会网的嵌入，包括以安全为内容的嵌入、以安全为目的的嵌入、以安全为方式的嵌入等。在"安全镶嵌"的模型中，国家安全变成了一种复合安全，也就是国家安全不是自我的绝对安全，而是自身与其他国家之间的相对安全。这样一来，一个国家在维护自身安全时还要考虑对其他国家的影响，以及其他国家对自己将会造成的反作用力，在"安全镶嵌"的视角下，国家间的相互信任就成了国家安全的头等大事。也有学者从生物学免疫系统领域中发现，当抗体识别超过一定数量的抗原后，该抗体浓度急剧增加；当抗原消除后，抗体浓度降低，

---

[1] 张伟鹏：《"一带一路"沿线非传统安全风险应对分析——以中国与中东地区国家反恐合作为例》，《探索》2016 年第 3 期。

免疫系统趋于稳定。① 在正常情况下，生物体的各种抗体浓度应基本上不变，因此可通过测量各种抗体的浓度来判断生物体是否得病及严重程度。引入国家安全领域，即可以通过适当的映射关系，测量抗体浓度来评价国家的安全风险。危险理论认为，免疫系统只对危险的非己产生反应。② 同样，在国家安全中，并非所有的入侵都会对国家造成威胁，例如，某些极端分子试图对中国海关某入境处进行攻击，从自体、非自体的角度看，属于客观攻击行为，但实际上，如果我国海关并没有开放此入境处，就根本构不成威胁，对国家来说就是安全的，可不必响应。

对国家安全进行评估的理论框架，应该是一个多维动态的、具有高度不确定性的评估框架，具体由价值、威胁、暴露、脆弱性、风险程度、风险可接受程度、治理成本等元素组成。

在对国家安全进行评估时，首先要考虑价值。价值是指评估主体的价值，只有对国家价值高的威胁主体才能对国家安全造成较大损失，才能够成为总体国家安全观关注的领域，才是我们的评估框架所研究的对象。

威胁或危险，是国家安全的客体所具有的属性，威胁具有客观性、主观性、指向性、信息不对称性、隐蔽性、概率性或不确定性、均衡性。客观性是指，威胁总是客观存在的，独立于意识之外，在短时期内不会改变，且不以人的意志为转移。主观性指考虑人作为威胁时，由于人的意识的参与，人的主观感受和想法使得威胁有可能具有

---

① Glickman M., Balthrop J., Forrest S., "A Machine Learning Evaluation of an Artificial Immune System", *Evolut Comput*, Vol. 13, No. 2 (2008): 179–212.

② Matzinger P., "Danger Model: a Renewed Sense of Self", *Science*, Vol. 296, No. 5566 (2004): 301–305.

主观故意性，如，某个国家元首有可能因为自己的喜恶，运用国家力量来发射导弹对另一个国家进行袭击，从而成为这个国家的一大威胁。另外，社会关注度等与人密切相关的因素会对威胁的性质、数量、严重性、发生概率等方面产生巨大的影响。当然，对威胁的认知，既有主观的心理推论，也有客观的逻辑演绎，是主观判断和客观推理的结合。威胁的指向性则是指，威胁总是具有明确的对象，其针对的客体通常来说是固定不变的。威胁的信息不对称性是指，一些国家安全的主体拥有其他客体无法拥有的信息，掌握信息比较充分的国家，往往处于比较有利的地位，会主动施加威胁，而信息贫乏的国家，则处于比较不利的和被动的态势，容易受到更大的威胁。当主客体的威胁相对均衡时，就会产生相互的制约，从而在一定程度上达到抵消威胁的效果，如当今世界上核大国之间保持的"核和平"局面。威胁还具有概率性或者说不确定性，即时间和空间两个维度的概率分布，不同时期的威胁可能不同，不同空间所面临的威胁也有区别，通过运用大数据、云计算，可以很好地了解和预测威胁的概率分布。还需注意的是，威胁有尚不能识别的和尚不存在的，面对这类隐蔽的或首次发生的威胁，由于人的能力的限制，只能进行危机管理、试错甚至只能仓皇应对。

当威胁的主体与客体发生关系，就产生"暴露"这一概念，即承载体进入威胁或风险源作用的范围。如前所述，该范围也有时间和空间之分，时间如在中国南方的梅雨季城市内涝的可能性大，空间如位于导弹的射程内就可能被导弹击中。

对于国家安全的主体来说，最重要的属性就是自身的脆弱性，即主体抵抗威胁的能力。在国家安全领域，脆弱性主要是指当国家安全主体受到风险因素威胁时，在暴露度、敏感度、抵抗力的共同作用下，主体能够维持国家正常运行的能力。主体脆弱性也与客体威胁一样有着时间维度和空间维度的不同，对于脆弱性的度量和评价，也要置于这两维来进行。

基于如上四个元素，可以画出某一威胁所对应的风险矩阵，包含损失程度和损失概率两个维度，每种威胁发生的概率不同，不同威胁所造成的破坏程度也不同。

在根据风险矩阵计算出威胁的现有风险程度后，需要关注主体对该威胁的可接受程度。对于国家的安全来说，多安全才算安全，国家所能接受的威胁程度是多大，这都是我们要衡量的东西。也就是说，面对一个威胁，我们要先看国家所能接受的风险是多少，再评估是否安全。如果一个威胁超过了该国家的接受程度，则需要进行威胁的治理，这时我们就要考虑治理成本。威胁、暴露程度、脆弱性这三个方面都与治理成本紧密相关。如威胁的不同破坏性可以产生最保守和最严重的两种后果，这两种后果所需的治理成本有着很大差别。总而言之，国家安全评估的理论框架为：

国家安全领域的风险程度=f_1（价值，威胁，暴露程度，脆弱性）；

国家安全领域的风险治理=f_2（风险程度，风险可接受程度，治理成本）。具体逻辑链条如图附-1所示。

图附-1 国家安全评估理论逻辑

三 威胁分析

"威胁"一词语出《史记·刺客列传》："秦地遍天下，威胁韩、魏、赵氏"，指用武力和权势胁迫，也指遭遇危险。目前学术界针对威胁的研究主要集中在信息安全、网络安全、国际安全、空间安全等领域，近些年也出现了对跨领域安全威胁，如网络恐怖主义的探讨。

（一）威胁的定义与分类

目前学术界对于威胁的研究涉及海防、海疆、陆疆、网络、领土、信息、网络文化、恐怖主义、企业、基础设施等多个领域，从而可以产生多种针对威胁的分类维度，然而对于威胁定义的具体探讨仍不足。

从国际安全的角度，有学者根据威胁认知理论指出，威胁有两类含义。首先，威胁"是一种主动的积极行动，是指为实现本国目标，发表声明或者采取行动，对他国发出威胁，要对其施加制裁，使其'遭受惩罚、伤害、死亡，或者至少要遭受损失'"；其次，它"是一种消极的被动感受，指的是缘于以往的经历、内在的价值取向和不同的利益需求所感受到的威胁，是对本国即将遭受损害的预料。这种威胁感知可能是'事实性'的，基于对与对方意图有关的明确的危机信号的推论；也可能是'潜在的'，根据对某种环境的判断或者仅仅是基于对对手能力的考虑"。①

刘跃进在其编写的《国家安全学》一书中，将威胁分为内部威胁和外部威胁、国内威胁和国际威胁、人为威胁和自然威胁、实体威胁和意识威胁（即"硬"威胁和"软"威胁）。② 郭秀清将国内安全威胁分为传统的政治威胁、经济威胁、意识形态威胁，以及新型的暴

---

① 杨恕、王术森：《议题性质、威胁认知、共同利益与可合作安全》，《国际安全研究》2018 年第 2 期。

② 转引自刘跃进、宋希艳《在总体国家安全观指导下健全国家安全体系》，《行政论坛》2018 年第 4 期。

恐威胁、网络威胁、群体性事件威胁、环境威胁等。① 余丽则以互联网安全为例，将安全威胁划分为器物（技术/物质）威胁、制度威胁、观念（精神）威胁三个层次，其中器物（技术/物质）威胁最为基础且最为频繁，制度威胁具有持久性和稳定性，观念（精神）威胁具有隐蔽性和潜移默化的特质。郝文江从基础设施角度来对安全威胁进行划分，他认为安全威胁根据来源大致可分为3个类别："自然灾害、人为事故和蓄意攻击。自然灾害和人为事故属于普通威胁，一般是破坏非关键节点的偶然性事件，不会造成长期的战略性损害。相比起来，蓄意攻击的危害性较大，目前正成为敌对势力和网络犯罪集团实施渗透、攫取利益的重要手段"。② 在国际安全领域，威胁可以分为硬威胁和软威胁两类，传统的国际安全威胁指的是对国家领土安全的威胁，即硬威胁，非传统安全领域的威胁即软威胁。目前国际安全领域"硬威胁程度下降，软威胁程度上升。虽然国家之间的战争仍然存在，但其他形式的威胁越来越严重，也越来越危害着当今人类的安全"③。

（二） 威胁的特性

威胁具有客观性，是一种客观的存在，不以人的意志为转移，威胁的主体和客体是确定的，那么威胁也是确定的。威胁也具有主观性，威尔士学派在理解安全的概念时指出，威胁可以分为主观威胁与非主观威胁，主观威胁是指在当时感受到的威胁，非主观威胁是指事后才知晓的、被历史证明的威胁，而这种威胁在其产生时并不能被主

① 郭秀清：《中国国内安全主要威胁及其基本特征》，《社科纵横》2015 年第 3 期。
② 郝文江：《关键基础设施安全威胁及对策分析》，载中国计算机学会计算机安全专业委员会编《第 28 次全国计算机安全学术交流会论文集》，2013，第 3 页。
③ 秦亚青：《世界格局、安全威胁与国际行为体》，《现代国际关系》2008 年第 9 期。

体察觉。同时，威胁的主观性也在于，施加威胁者可以根据自己的主观倾向选择被威胁的对象。威胁的主观性也指主体觉得被威胁的主观感受，即主体感到自己面临着威胁，如冷战期间美国和苏联的相互不信任与防备，就是它们自身觉得有威胁存在的主观感受。

由于主体和客体之间的互动，体现出了威胁的指向性、信息不对称性与均衡性。施加威胁的一方和被威胁的一方形成两个对立的阵营，威胁被客体施加给主体，有着明确的指向和方向。另外，国家安全的主体一般不能完全掌握其他客体充分拥有的信息，掌握信息更充分的国家，往往处于比较有利的地位，且由于"丛林法则"的影响，它们往往会主动施加威胁，而信息较为匮乏的国家，则处于比较不利的被动态势，容易受到更大的威胁。也有一种情况即主客体的威胁相对均衡，这时国家间就会产生相互的制约，从而在一定程度上起到抵消威胁的效果，如当今世界上核大国之间保持的"核和平"局面。

不确定性也是威胁的性质之一，许多威胁都是隐蔽的、潜在的、间接的、概率可变的，且无法预知其发展态势和路径，分布范围和状态也不能提前确知，发生概率从 0 到 1 不断变化。在信息论中，不确定性是表征某随机变量的发生有多么可靠的物理量，一般用熵来计算这个物理量，记作 $H(X)$，X 是随机变量。当 $H(X) = 0$ 的时候，X 是十分确定的，即此时 X 是一个确定的数值；当 $H(X) = 1$ 时，X 非常不确定，即 X 的取值难以确定是哪一个数值。

那么，如何识别和应对客观存在的威胁呢？笔者的思路如下。第一，在对威胁源进行深入分析前，要了解和识别到底有哪些威胁。对于某个国家安全领域，在特定的空间和时间内，识别有哪些威胁因素，比如，在整体国家安全领域，有政治安全、国土安全、军事安全、经济安全、文化安全、社会安全、科技安全、网络安全、生态安全、资源安全、核安全、海外利益安全、太空安全、深海安全、极地安全和生物安全等多个领域，我们要去评价以上领域的安全状态，即识别该领域存在的威胁有哪些。需要注意的一点是，由于时间和空间的各种限制，存在尚不能识别的和尚不存在的威胁，由于人的意识能动性，还存在主观性识别的现象。提高识别能力，需要相关机构长时间的努力。

第二，要识别威胁的演化和发展路径。有学者在研究地缘威胁时指出，威胁的核心路径在于自身的破坏力及其通过互联网和新媒介的瞬时蝴蝶效应扩散，这会使得安全问题被互联网绑架式传播，直接侵蚀国家安全。[①] 威胁的识别有许多方法，有学者基于关联规则创建了安全威胁态势图示法，来对安全威胁进行感知，其步骤主要是，"首先，对事件进行分类，大致分为安全类事件以及威胁类事件。其次，对威胁类事件的威胁程度进行评估，将安全威胁程度大的事件进行详细的记录。最后，根据记录进行安全威胁势图的绘制。绘制的主要流程为，将记录数据以数集的形式表达出来，根据数集中的数据描绘出安全威胁势态图中的关键点，并将各个点进行连接，最终形成安全威胁势态图。在对安全威胁势态图进行评估的过程中，主要对安全威胁势态图中的可信度以及攻击度进行评估。可信度代表的是该事件的成功概率，攻击度代表的是该事件一旦失败造成的危害程度"。[②] 也有学者利用态势感知来发现隐藏的安全威胁，安全态势感知系统可以通过对"原始数据进行融合分析，结合业务系统和资源及其脆弱性情

---

① 梁贤军、马仁锋、冯革群：《地缘政治视角中国陆、海疆问题与中国安全威胁》，《云南地理环境研究》2014 年第 5 期。

② 冯卫等：《基于关联规则下的安全威胁感知方法》，《电子技术与软件工程》2017 年第 21 期。

况和外部威胁情报"① 的方法来进行威胁的分析，具体的分析手段有攻击的识别、回溯该攻击的历史、异常情况监测、资产分析、脆弱性识别等。

第三，通过威胁的演化路径来进行国家安全风险评估。风险评估是应对安全威胁的重要方法，已有学者从信息系统安全风险评估的角度，指出风险评估的主要内容为分析和评估脆弱性、面临的危险，以及脆弱性被威胁源利用后所产生的实际负面影响，并根据安全事件发生的可能性和负面影响的程度来识别信息系统的安全风险。② 另外，他们认为，安全风险评估应该遵循以下原则，即"标准性原则、规范性原则、可控性原则、整体性原则、最小影响原则、保密性原则"③ 等。

第四，在具体执行领域，需要国家建立统一的威胁评估标准，将安全教育纳入国民教育体系之中，推动全社会形成和谐的安全文化氛围，"努力倡导科学安全观，提高全民安全文化素养"④。例如，在国家安全的基础设施安全方面，国家应尽快设立统一的安全标准，评估关键基础设施的脆弱性。

了解了威胁有哪些，就可以分析出某个威胁的破坏力和发生概率，形成类似表附-1的威胁矩阵，其中，横坐标为某个威胁的发生概率，具有波动性，纵坐标代表该威胁的破坏力大小，一般都是既定的。左下角意味着该威胁几乎不可能发生且发生后破坏力极小，右上

---

① 陈洁、袁喜：《利用态势感知发现海量数据背后的安全威胁》，《网络安全和信息化》2018 年第 9 期。
② 田新广等：《科研信息系统：加强风险评估 应对安全威胁》，《信息网络安全》2009 年第 12 期。
③ 田新广等：《科研信息系统：加强风险评估 应对安全威胁》，《信息网络安全》2009 年第 12 期。
④ 廖梦圆、廖志斌：《新时期我国安全威胁问题及对策研究》，《党史文苑》2005 年第 4 期。

角则意味着该威胁发生的可能性很大并且一旦发生破坏性非常大。得到这样一个威胁矩阵，就可以按照其破坏力和发生可能性将识别出的威胁置于该矩阵中，划分出该威胁的种类，进而决定是否对其进行风险管理，以及用多大成本来阻止或减小该威胁发生的可能性。同时，上文提到，由于对威胁的识别能力有限，存在尚不能识别的和尚不存在的威胁，此外还存在主观性识别，所以对该矩阵的使用要特别注意，许多威胁我们并不知道其概率分布情况，也不知道其破坏力有多强，或者其动态变化是什么，这就有赖于计算机模拟体系的不断完善、科学技术的不断进步、国家安全认知的不断提升等。

表附-1　风险评估矩阵

非常严重	一般威胁	一般威胁	严重威胁	严重威胁	严重威胁
严重	较小威胁	一般威胁	一般威胁	严重威胁	严重威胁
普通	较小威胁	一般威胁	一般威胁	一般威胁	严重威胁
轻微	较小威胁	较小威胁	一般威胁	一般威胁	一般威胁
极轻微	较小威胁	较小威胁	较小威胁	较小威胁	一般威胁
破坏力／可能性	几乎不会发生	不太可能发生	可能发生	很可能发生	几乎肯定发生

四　暴露分析

（一）暴露：主体置于威胁的作用范围之内

暴露，在词典里的释义是，隐蔽的事物、缺陷、矛盾、问题等显露出来，指的是一个东西露在外面无所遮蔽的状态。除了这种广义抽象的含义，在国家安全领域，暴露具体指主体位于威胁的作用范围之内，如果不暴露在威胁的作用范围之内，即使有威胁，也没有风险。

目前学界对"暴露"的研究主要集中在化学、生物、医药、环境、动植物、物理等领域，少有国家安全视角下对"暴露"的解读。在金融领域，"暴露"等同于"敞口"，是指未加保护的风险，即债务人的违约行为所导致的可能承受风险的信贷业务余额，简单来说就是金融机构等在各种业务活动中容易受到风险因素影响的资产和负债的价值，一般使用回归分析、模拟法和内部评级法来进行度量。"经济风险暴露"衡量"什么正处于风险之下"，与经济风险（汇率的随机变动）有着区别，在特定的条件下，即使有着经济风险，公司也不会面临任何风险暴露，一般用公司资产和负债的未来本币价值对汇率随机变化的敏感程度和公司经营现金流量对汇率随机变化的敏感程度这两个指标来衡量。在医学研究中，"暴露"指的是研究对象接触过某种待研究的物质、具备某种待研究的特征或行为，通常被用来代表一切可能与疾病威胁有关的因素。与国家安全领域的含义类似的是，医学界还有职业暴露这一概念，指的是医务人员在从事诊疗、护理活动过程中接触有毒、有害物质，或传染病病原体，从而损害健康或危及生命。在灾害学中，有风险三角形理论，该理论认为，风险是由致灾因子危险性、承灾体暴露性和脆弱性三者相互作用形成的，缺一不可；其中暴露性就是指暴露于一定概率、强度致灾因子中的承灾体的数量价值，是危险性与脆弱性之间联系或作用的纽带。一般来说，很难改变自然灾害的发生概率与强度，但通过减少暴露性和脆弱性来降低灾害风险却是可行的、有效的。[①]

① 权瑞松等：《基于情景模拟的上海中心城区建筑暴雨内涝暴露性评价》，《地理科学》2011 年第 2 期。

（二）暴露有客观性，同时也有主观选择以及时间、空间情况

暴露具有客观性，只要主体处于威胁的作用范围之内，就会产生暴露。暴露也有主观选择的情况，即主体可以自己选择是否进入威胁的作用范围内，我们知道，中国南方梅雨季节容易发生洪水，因此人们可以选择在这期间避免待在南方，防止自己的生命受到洪水威胁。另外，暴露同样有时间和空间的变化，像前面提到的中国南方暴雨，在一年四季中夏季的作用范围最大，南方比北方严重，南方更多的主体就会被纳入暴露中。

（三）不同情景下，暴露程度不同

如上所述，不同的情景之下，暴露的程度就不同，如果以冬奥会为例，网络舆情可能成为影响冬奥会顺利举办的威胁，对冬奥会的关注度可以成为测量冬奥会暴露程度的指标，同时，关注度在时间轴上可能呈现变化，如图附-2所示。

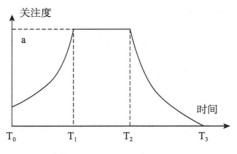

图附-2　冬奥会关注度曲线

$T_0 \sim T_1$ 的区间代表冬奥会开幕前，此时关注度从 0 逐渐上升，也可能是抛物线二次方程上升，由此可以形成关注度方程；$T_1 \sim T_2$ 代表冬奥会举办期间，可以设关注度为 a，a 的取值范围为（0，1]，在

没有其他事件吸引关注度的情况下，a 可能趋近于 1；$T_2 \sim T_3$ 表示当冬奥会结束以后，关注度不断下降，直至降为 0。

五　脆弱性分析

脆弱性，源于拉丁语"vulnerare"，意为"可能受伤"，又称弱点或漏洞，脆弱性一旦被威胁成功利用就会对安全造成损害。《反脆弱》一书的作者纳西姆·尼古拉斯·塔勒布将脆弱性定义为事物三元属性（脆弱性、强韧性、反脆弱性）中的一个属性，相当于物理中频率概念的不同频段，即事物（包括动物、人、制度等）应对波动、压力等环境后变得更强还是更弱。

脆弱性的概念最早应用于流行病学理论研究，被用来衡量某一区域爆发流行病的可能性。[1] 近年来，脆弱性理论逐渐被深入运用到环境评价、灾害学、工程学、经济学和可持续发展等领域中，相关评价方法及分析框架不断得到完善，脆弱性研究已逐步成为这些领域的研究热点。国外学术界对脆弱性的研究起步较早，最早"脆弱性"被认为是一种"度"、"能力"或"可能性"，蒂默曼认为脆弱性是指灾害事件发生时系统所受到的不利影响的程度；凯茨认为脆弱性是度量系统遭受损害和产生反应的能力。随着脆弱性研究领域的不断扩大，尤其是在社会经济发展中的广泛应用，脆弱性的内容被认为包括暴露、敏感性和适应性三个方面，乔治认为脆弱性是区域自然脆弱性和社会脆弱性的综合度量，由暴露、抵抗力、恢复力三部分构成。国内学者中，刘燕华较早涉及脆弱性理论研究，认为脆弱性具有不稳定

---

[1]　杨懿、田里：《经济脆弱性内涵演变与评价范式》，《学术探索》2015 年第 6 期。

性、敏感性和易损性三个方面的特征。李鹤等则认为脆弱性是指由于系统对内外扰动的敏感性以及缺乏应对能力从而容易使系统结构和功能发生改变的一种属性。孙平军、修春亮认为脆弱性是指由于内外扰动的敏感性以及缺乏应对能力而使其容易向不利于可持续发展方向演变的一种状态。贝克（Beck）等基于 1996～2010 年 32 个国家的数据，考察了金融创新与银行发展以及经济脆弱性之间的关系。[1] 王仁祥等通过构建科技创新与金融创新耦合系统脆弱性指数，以 34 个样本国为基础，实证研究了其耦合脆弱性变化趋势及差异性表现。[2] 刘晓朋等人在研究气候变化对国家脆弱性的影响时，将国家脆弱性分为四类，第一类是社会脆弱性，第二类是环境脆弱性，第三类是经济脆弱性，最后一类是政治脆弱性。

脆弱性在国家的维度下，是与国家安全的众多要素紧密相关的。当脆弱性指数上升到临界值，国家的不稳定因素将会增加，不稳定因素崩溃后，便会产生一系列安全问题。在以上划分的基础上，章培军等认为："影响国家脆弱性的凝聚、政治、经济、社会、气候子系统都在数量上表现为一个或多个指标，所有指标构成国家脆弱性指标体系，成为脆弱性综合评价的重要因素"[3]。另外，除了政治、经济、社会、气候等领域的脆弱性，他还提出了"凝聚子系统"的脆弱性，其要素如安全装置、宗派精英、团体抱怨等同样是国家安全的重要影响因素。

---

[1]　Beckt, Chent, Linc, et al., "Financial Innovation: The Bright and The Dark Sides," *Journal of Banking & Finance*, No. 72 （2016）：28-51.

[2]　王仁祥、张晗、杨曼：《科技创新与金融创新耦合系统脆弱性指数研究》，《广义虚拟经济研究》2016 年第 4 期。

[3]　章培军、杨友社、白朦梦：《基于组合权重法的气候变化对国家脆弱性的影响分析》，《科技促进发展》2019 年第 7 期。

目前我国对脆弱性评估还没有制定统一的标准，"未制定全行业统一的脆弱性与风险评估标准，致使脆弱性评估工作未能有效进行。也没有建立统一的安全计划与指南，无法确定对哪些环节需要加强安全评估并予以重点保护"[①]，这给国家安全的维护造成了重大挑战。现有研究中，直接研究国家安全领域脆弱性的文献较为少见，多集中于上述其他领域。

（一）抗干扰力

在通信领域中，干扰是指对有用信号的接收造成损伤，在词典里通常指扰乱、打扰、抑制。抗干扰力，即抵抗干扰的能力，通常也被称为敏感性，用来描述体系中某个部分的变化会在多短的时间内导致其他部分也发生变化。抗干扰力是威胁、受体、时间、空间等因素的函数，不同类型的威胁、不同的威胁受体所对应的抗干扰力不同，不同时间空间下的主体抗干扰力也不同。

在经济学领域有敏感性分析法，是指从众多不确定性因素中找出对投资项目经济效益指标有重要影响的敏感性因素，并分析、测算其对经济收益指标的影响程度和敏感性程度，进而判断项目承受风险的能力。同样，在国家安全领域，也可以通过对敏感性程度（抗干扰力）的测量进行脆弱性判断。单因素敏感性分析法是较为普遍的一种敏感性分析，每次只变动一个因素而假定其他因素保持不变，来确定哪些领域最薄弱、脆弱性最高，可以找出潜在的最大影响因素。当两种或两种以上的因素同时变动时，不确定性增大，此时则需要进行多因素敏感性分析。多因素敏感性分析法是指在假定其他不确定性因

---

① 郝文江：《关键基础设施安全威胁及对策分析》，载中国计算机学会计算机安全专业委员会编《第 28 次全国计算机安全学术交流会论文集》，2013，第 3 页。

素不变的条件下，计算分析两种或两种以上不确定性因素同时发生变动对风险主体的影响程度，从而确定敏感性因素及其极限值。敏感性分析虽然可以找出不确定因素对项目效益的影响程度，但不能得知这些影响发生的可能性有多大，这是敏感性分析的不足之处。在分析国家安全时，可能会出现这样的情形：敏感性分析找出的某个敏感性因素在未来发生不利变动的可能性很小，引起的安全风险不大；而另一因素在敏感性分析时表现出不太敏感的表征，但其在未来发生不利变动的可能性却很大，具有不确定性，进而会引起较大的安全风险。为了弥补敏感性分析的不足，在进行脆弱性评估和决策时，尚需进一步做严谨的概率分析。

（二）修复力

如果说抗干扰力侧重外部威胁对脆弱性的影响，那么修复力就是强调主观上对威胁的反馈。修复力是自我修整使自身恢复原样的能力，也被称作韧性，即面对困难、压力或者冲突时的恢复能力。修复力同时也是自修复能力，即生物或环境依靠自身的内在生命力，自我修整使自身恢复原样的能力，主要运用在生物领域、环境领域、气候领域等。修复力有时也指自愈力，是一种稳定和平衡的自我恢复调节机制，抑制自毁或者说抑制事物的衰减，即自愈。自愈并不是万能的，每个人的体质不同，自愈能力也不同，医学就是以辅助机体自愈治疗疾病为目的而存在的。同抗干扰力一样，修复力也是威胁、受体、时间、空间等因素的函数。

目前各领域关于"修复力"的讨论很少，刘建军等人在《创新与修复》一书中将创新力和修复力作为分析中国共产党政治发展逻辑的两个重要因素，认为修复力意味着"通过对基本价值原则的坚守以应对不断变化的社会状况所带来的挑战",这样的修复"使中共能够有效地、弹性地应对社会变革"①。同时,他也对修复力进行了定义,即"使日益变革的社会不偏离或脱离中轴价值轨道的能力",是对意外后果的补救措施。"民族修复力"也是学者们常研究的一个议题,民族的修复力,是保障一个民族在灾难降临后延续自己生存的能力,付开镜将民族的自我修复分为政治自我修复、经济自我修复、文化自我修复三个部分。

(三) 脆弱性分析

实际上,脆弱性是影响风险水平的一个指标。由于脆弱性具有隐蔽性和不确定性,所以在国家安全的分析中往往容易被忽略。脆弱性不同于风险事件,却与风险事件扮演着类似的角色,即作为连接风险源与风险事故的一个中介,发挥着传导与调节的作用。脆弱性评价不仅是风险评价过程中不可忽视的一部分,而且国家安全最终的脆弱性水平还将对安全威胁是否发生产生影响。因此,对脆弱性进行评价不仅可以对风险评价进行完善,还可以根据国家脆弱性的评价结果对威胁发生的可能性进行预测。②

在国家安全的研究中,脆弱性是抗干扰力与修复力的结合,二者缺一不可。脆弱性是一个综合性的指标,是由在各类风险因素扰动下暴露的程度、主体受到威胁时的反应程度以及主体被威胁后恢复到正常状态的适应能力大小共同决定的。抗干扰力关系到对威胁的抵抗,修复力关系到对威胁所造成伤害的治愈。考虑到这两个维度,脆弱性

---

① 转引自闫辰、王海荣《政党视角下中国政治发展的现实逻辑——〈创新与修复:政治发展的中国逻辑〉评析》,《学理论》2014 年第 16 期。
② 陈为公等:《基于风险界面的绿色建筑脆弱性评价》,《工程管理学报》2019 年第 5 期。

矩阵如图附–3所示。

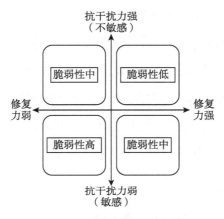

图附–3　脆弱性矩阵

图附–3中横坐标为修复力,纵坐标为抗干扰力,横纵坐标之间形成四个象限,第一象限代表脆弱性低,抗干扰力强(不敏感),同时修复力也很强。第二象限为脆弱性中,即抗干扰力强(不敏感),但是一旦遭到破坏修复力弱。第三象限代表脆弱性高,抗干扰力弱(敏感),并且遭到破坏后修复力弱。第四象限同第二象限一样,都代表脆弱性中,但第四象限为抗干扰力弱(敏感),遭到破坏后修复力强。

六　风险矩阵

对风险进行矩阵的评估,目前主要应用在经济管理、项目工程、生物医药等领域,风险矩阵,实际上就是把定性与定量方法相结合,将研究对象的不同属性进行可视化表达,再对其进行等级排序和分类,形成量化的数据,便于以后的直观分析。在风险矩阵的绘制中,有后果准则和可能性准则两个基本元素,"后果准则用于判定风险的后果严重程度，可能性准则用于识别风险发生可能性的大小。后果准则和可能性准则既可以定性描述，也可以半定量或是定量描述"[1]，在本书中，笔者使用定性的后果准则来划分威胁的严重程度，同样使用定性的可能性准则来区分威胁发生的可能性大小。

某一安全领域的威胁=时间维×空间维×因素维，威胁因素矩阵就是多维时间和多个空间下，所有威胁因素的组合。威胁公式如下，其中，T 代表时间，S 代表空间，F 代表不同威胁因素。

$$T = \begin{bmatrix} T_1 \\ T_2 \\ T_3 \\ T_m \end{bmatrix} (mx1); \quad S = \begin{bmatrix} S_1 & S_2 & S_3 \ldots S_n \end{bmatrix} (1xn):$$

$$TxS = \begin{bmatrix} T_1S_1 & T_1S_2 & T_1S_3 \ldots T_1S_n \\ T_2S_1 & T_2S_2 & T_2S_3 \ldots T_2S_n \\ T_3S_1 & T_3S_2 & T_3S_4 \ldots T_3S_n \\ & \ldots & \\ TmS1 & TmS2 & TmS3 \ldots TmSn \end{bmatrix} (mxn)$$

$$F = \begin{bmatrix} F1 & F2 & F3 \ldots Fn \end{bmatrix} (1xk)$$

$$威胁因素矩阵 = Tx \quad Sx \sum_{i=1}^{k} Fi$$

由于时间、空间、因素这三个维度之间具有逻辑关系，各维度之间的关联、交叉，使其产生了演化、放大的效果，也就是我们常说的"蝴蝶效应"，因此威胁因素矩阵就成为多维动态的、有多种演化路径的矩阵，并且是一种动态的时间轴上的展示。

我们可以将所有的威胁因素，根据其程度标注在威胁程度矩阵上，而每一种威胁，应该对应不同的暴露系数，再对每一种威胁分别

---

[1] 刘志辉：《风险矩阵视阈下政府购买服务的风险评估——基于对 174 个社会组织的调查研究》，《长白学刊》2019 年第 1 期。

分析主体的脆弱性。最后根据具体的威胁、暴露程度、脆弱性，形成具体某种威胁的风险程度（含损失情况和概率情况）。在某个国家安全领域所有的不同时空威胁按照以上步骤可以形成多维动态的风险矩阵。有了这样的威胁因素矩阵，就可以针对某个具体的时间和空间，分析某个具体的威胁的破坏力及其发生概率，就可以根据某个威胁的破坏力和发生概率，计算其威胁程度，针对不同的威胁等级来提出对应措施。

　　需要注意的是，在具体的评估过程中可以将其简化，当评定特定空间和时间条件下的威胁因素时，将时间、空间、因素作为定量，就形成了静态的二维平面矩阵，便于方便直观地进行分析。

七　国家安全的评估与管理——基于风险可接受程度与成本

　　《管子·正世》中写道："夫利莫大于治，害莫大于乱"。国家安全是国家利益的核心与基础，对国家安全领域进行评估和管理，是维护国家利益的重要环节。

　　风险是对成功实现目标的威胁，风险管理是预先对风险进行系统的识别、评估、跟踪和降低的活动，是一个在整个项目生命周期内连续、反复进行的过程，而风险管理的目的就是将风险降低到一个可接受的水平。由于风险总是存在，"零风险"的要求，或者得出"不存在风险""风险最小"的结论，既不符合实际，也缺乏科学性。因此国家在某个领域是否安全，不是指绝对的安全，而是基于可接受的风险状态，安全程度应该是对现有的风险状态和可接受的风险状态进行比较的结果。风险可接受程度是风险管理的一个重要概念，可接受风险意味着综合考虑任务要求和资源条件，风险事件发生的后果可以容忍。因此，风险管理的最终目标应当是将风险降低到一个可接受的水平。但如果某个威胁超过了国家确定可接受的风险程度，那么在这个领域就有很大的不安全性，就要采取一系列措施进行治理。风险可接受程度是一个阈值，由最低风险可接受程度到最高风险可接受程度形成一个区间。在土木工程领域的风险分析中，风险接受准则是一个常见的计算风险的方法，它表示"在规定的时间内或系统的某一行为阶段内可接受的风险等级，它直接为风险分析以及制定减少风险的措施提供参考依据，因此在进行风险分析时应是预先给定的"①，表达方式既可以是定量的，也可以是定性的。结合本书提出的风险矩阵，可以计算出某个领域威胁的具体值，或是多个领域威胁总值，再将这个值与风险可接受程度的区间进行比较，即可直观地判断国家的安全程度。

可接受的风险状态是不断变化的，那么该如何预先确定可接受的风险状态呢？这里笔者提出风险偏好的概念，由于国家安全的主体是国家，而国家领导人又对国家政策的执行有着决定性作用，那么，国家领导人对风险的判断就决定了可接受的风险程度，即"对于一个国家来说，政府的判断是最重要的判断。国家的选择，实际上就是国家领导人的选择"②。另外，专业人士和相关学者的判断，也对可接受风险程度的确定产生影响。

李少军将威胁与脆弱性之间的安全困境描述为："国家为安全采取行动可以有两种选择，一是增强自己的力量，二是削弱自己的力量。国家增强自身力量如果对别国产生了威慑作用，使之减少了敌

---

① 陈康、秦岭：《输油管道环境风险接受准则的确定》，《天然气与石油》2009 年第 4 期。

② 李少军：《国家安全理论初探》，《世界经济与政治》1995 年第 12 期。

意，那就会使自己更安全；但如果产生了挑衅作用，使之增加了敌意，则会使自己更不安全。与此相类似，国家削弱自己的力量如果产生和解作用，使对方减少敌意，就会使自己更安全；相反，如果产生引诱作用，使对方增加敌意，那就会使自己更不安全。"① 也就是说，国家在进行安全管理时，可以从自身内部入手，也可以从外部威胁入手，可以进行对客体威胁的管理，也可以进行对主客体间桥梁（暴露）的管理，还可以对主体脆弱性进行管理（如图附-4所示）。

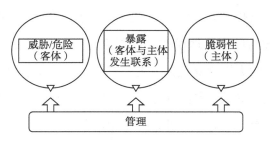

图附-4　国家安全的管理敞口

　　从风险管理的思路来看，需要从国家安全的几个敞口进行管理，即威胁敞口、暴露敞口、脆弱性敞口等。对于国家安全的管理，学界往往认为有两种不同的治理主体，一种是以主权国家为主导的治理范式，另一种是多利益攸关方范式，前者是把国家安全看作整个国家的治理对象，尤其强调国家权力机关对国家安全的保障，后者是由网络空间治理衍生的一种治理模式。熊澄宇等指出，多利益攸关方范式强调政府、公民、学者、社会组织和私人部门在审议、设置议程和制定安全政策过程中的共同参与，但是由于未能解释不同行为体间的权力关系，例如公民社会的力量不足，来自非本国的私营行为体的参与，以及问责与合法性的问题，而备受批评。"长期以来，多利益攸关方

---

① 李少军：《国家安全理论初探》，《世界经济与政治》1995 年第 12 期。

范式在不同行为体进行决策的合法程序上存在意见分歧，不同的组织、机构、团体都拥有各自不同的定义和执行方式，没有获得广泛认同并达成共识的能力。"①

　　本书认为，国家安全的管理是一种基于成本的管理，为了降低1%的威胁，要投入对应的多大比例的成本（不同威胁、同一威胁不同时期，该比例是不同的），影响着国家安全管理的选择。风险管理要根据风险对目标的威胁程度来考虑资源的投入，风险程度高的必须受到重视，在这些风险上优先投入人力、物力资源。"胡子眉毛一把抓"不是有效的风险管理模式。该国家是否愿意忍受威胁的少量增加以换取成本的大幅度降低，或者是否愿意忍受成本的大量增加以换取威胁的小幅度降低，是国家在安全与成本之间博弈的逻辑。国家对于成本的付出有一个心理标准，如果超过预期数额或比例，则不会去进行风险管理。

---

① 熊澄宇、张虹：《新媒体语境下国家安全问题与治理：范式、议题及趋向》，《现代传播（中国传媒大学学报）》2019 年第 5 期。

图书在版编目（CIP）数据

总体国家安全观研究 / 薛澜等著. -- 北京：社会
科学文献出版社，2024.4（2025.9 重印）
ISBN 978-7-5228-2031-6

Ⅰ.①总… Ⅱ.①薛… Ⅲ.①国家安全-研究-中国
Ⅳ.①D631

中国国家版本馆 CIP 数据核字（2023）第 186375 号

总体国家安全观研究

著　　者 / 薛　澜 等

出 版 人 / 冀祥德
组稿编辑 / 曹义恒
责任编辑 / 岳梦夏
责任印制 / 岳　阳

出　　版 / 社会科学文献出版社·马克思主义分社（010）59367126
　　　　　　地址：北京市北三环中路甲 29 号院华龙大厦　邮编：100029
　　　　　　网址：www. ssap. com. cn
发　　行 / 社会科学文献出版社（010）59367028
印　　装 / 北京盛通印刷股份有限公司

规　　格 / 开　本：787mm×1092mm　1/16
　　　　　　印　张：15.75　字　数：201 千字
版　　次 / 2024 年 4 月第 1 版　2025 年 9 月第 3 次印刷
书　　号 / ISBN 978-7-5228-2031-6
定　　价 / 98.00 元

读者服务电话：4008918866